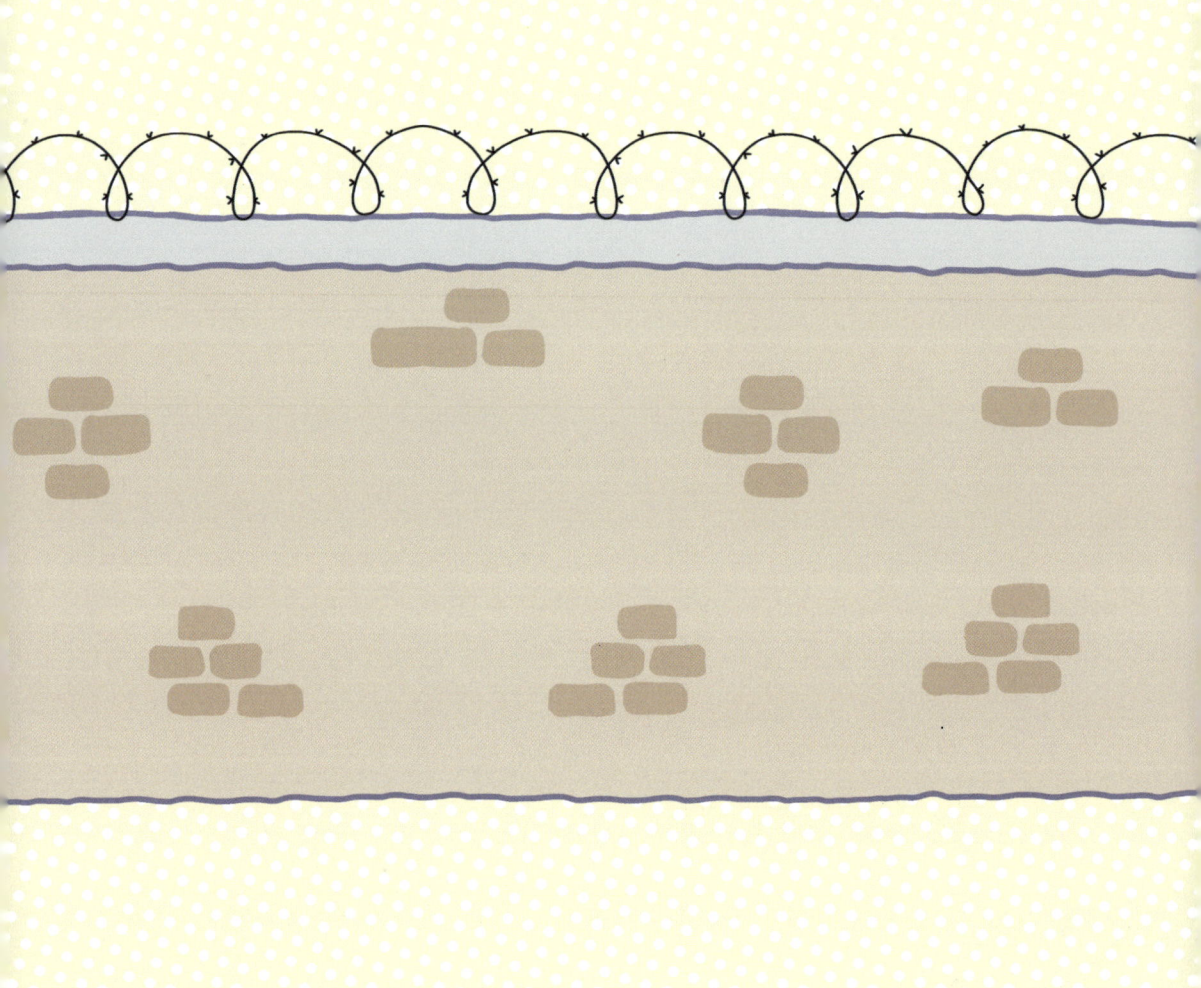

세상을 둘로 나눈 벽이 있대!
: 어린이도 알아야 할 빈부 격차 이야기

초판 1쇄 발행 2024년 2월 19일
초판 2쇄 발행 2025년 7월 18일

지은이　윤주은
그린이　임광희
펴낸이　진영수
디자인　김세라

펴낸곳　　영수책방
　　　　　출판등록 2021년 2월 8일 제 2022-000024호
　　　　　전화 070-8778-8424 | 팩스 02-6499-2123
　　　　　전자우편 sisyphos26@gmail.com | 홈페이지 ysbooks.co.kr

ⓒ 윤주은 2024
ISBN 979-11-93759-01-1 74300
　　　979-11-974312-4-1 (세트)

———————
사진 제공　13쪽 unequalscenes.com 31쪽 연합뉴스 34쪽 위키미디어(FMSC) 43쪽 위키미디어(Muntaka Chasant)
　　　　　49쪽 위키미디어(Dotun55) 53쪽 연합뉴스 72쪽 연합뉴스 77쪽 위키미디어(Russ Allison Loar)
　　　　　88쪽 연합뉴스 103쪽 위키미디어(Cavalo Marinho)

* 영수책방은 이 책에 실은 사진의 저작권자를 찾아 허락을 받았습니다. 그럼에도 저작권자가 확인되지 않았거나
  허락을 받지 못한 부분이 있다면 사용 허가를 받고 통상의 사용료를 지불하겠습니다.
* 잘못된 책은 구입처에서 교환하여 드립니다.
* 이 책은 저작권법에 따라 보호받는 저작물이므로 무단 전재와 무단 복제를 금지하며,
  이 책 내용의 전부 또는 일부를 이용하려면 저작권자와 영수책방의 동의를 받아야 합니다.

┌───┐
│ 어린이제품안전특별법에 의한 제품표시
│ **제조자명** 영수책방　**제조국명** 대한민국　**사용연령** 만 8세 이상 어린이 제품
└───┘

어린이도 알아야 할 **빈부 격차 이야기**

윤주은 지음 | 임광희 그림

영수책방

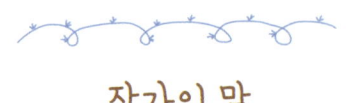

작가의 말

　혹시 "빈부 격차가 심하다"는 말 들어 본 적 있나요? 빈부 격차는 돈이 적은 사람과 돈이 많은 사람의 차이를 말해요. 빈부 격차가 심하다는 건 그 차이가 아주 크다는 것을 말하고요. 여기서 가난한 사람과 부유한 사람의 차이는 단순히 돈의 액수만 뜻하는 건 아니에요. 누군가는 편리하고 풍족하게 사는데 누군가는 굶주리거나 불편하게 사는 것처럼 생활 모습이 다른 것도 포함하죠.

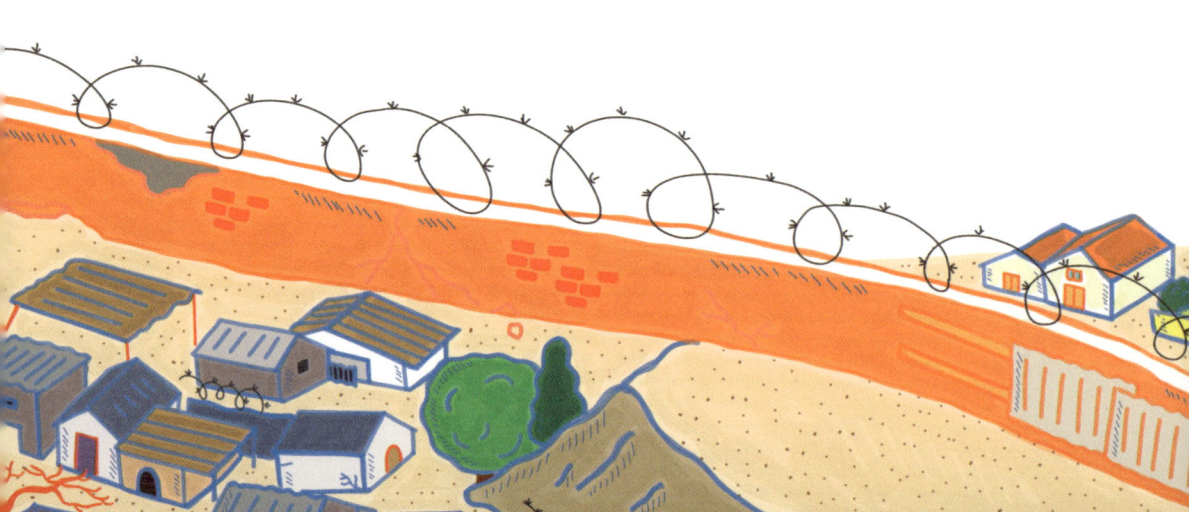

그럼 빈부 격차가 심하면 무슨 일이 벌어질까요? 아주 불평등한 사회가 되고 말아요. 부자들만 사회의 온갖 혜택을 누리고 가난한 사람들은 하루하루를 살아가는 게 힘들어지죠. '우리 집은 잘살아서 괜찮아, 나만 가난하지 않으면 돼'라고 생각하는 어른이나 친구도 있을 거예요. 하지만 지금 당장은 괜찮을지 몰라도 언젠가 부유한 사람들과 격차가 벌어지게 되면 피해를 입게 될 수도 있어요. 빈부 격차가 심한 사회는 매우 적은 수의 부자와 나머지 사람들로 이루어지기 때문이에요.

이 책의 주인공은 벽이에요. 세상을 둘로 나눈 세상이 싫어 밖으로 뛰쳐나왔어요. 세상에는 피부색도 문화도 성격도 다른, 다양한 사람들이 살고 있는데 지금은 딱 둘로 나뉜 것 같거든요. 그래서 뛰쳐나온 김에 커다란 벽을 부수려고 해요. 바로 여러분과 함께요.

· 차 례 ·

작가의 말 • 4

보이지 않는 벽

가난함과 부유함 사이에 벽이 있대! • 10
내가 가난한지 부유한지 어떻게 구분해? • 15
빈부 격차, 얼마나 심할까? • 20

양극화 사회는 어떤 사회일까? • 24

가난한 나라와 부유한 나라

나라와 나라 사이에도 빈부의 벽이 있어! • 28
식량이 모자란 나라, 식량을 버리는 나라 • 33
자원을 캐는 나라, 자원을 소비하는 나라 • 38
쓰레기를 줍는 나라, 쓰레기를 수출하는 나라 • 42

오염된 물을 마시는 아이들 • 48

빈부 격차가 만든 불평등

쪽방촌에 사는 사람들 • 52
아파트에 살지 않는 사람들 • 58
가난해서 공부를 못한다면? • 62
아파도 병원에 갈 수 없어! • 67
불공평한 이상 기후의 공격 • 71
어쩌다 길거리에서 자게 됐을까? • 76

빈부 격차는 왜 생겼을까?

식민지의 아픔은 계속된다 • 80
세계화 뒤에 숨은 불평등 • 85
자유롭게 경쟁하는 것은 공평한 걸까? • 90
부모의 부가 이어져 온다고? • 94
축제를 위해 사라진 빈민촌 • 98
신자유주의는 누구를 위한 걸까? • 104

빈부 격차, 줄일 수 있을까?

모두가 부유한 생활은 불가능해 • 108
경제가 성장하면 빈부 격차는 사라질까? • 113
성장 말고 줄이는 발전도 있대! • 119
해답은 민주주의야! • 123
기부도 분배가 될까? • 130

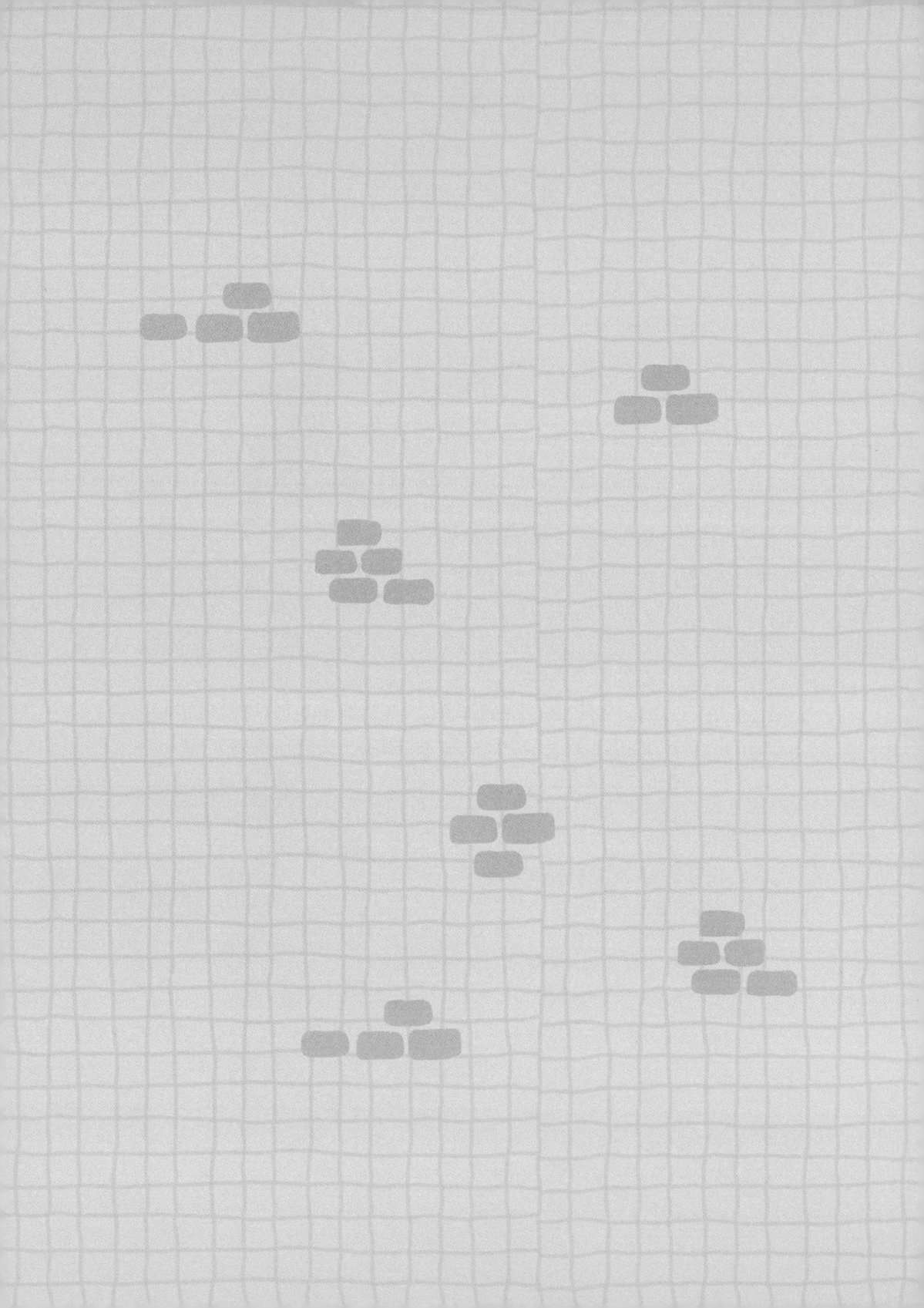

보이지 않는 벽

가난함과 부유함 사이에 벽이 있대!

안녕! 난 벽이야. 멋있지도 귀엽지도 않은 내가 어린이 책에 등장하니 깜짝 놀랐니? 나도 이 자리가 어색하지만 너희들에게 꼭 하고 싶은 말이 있어 나왔어.

벽 하면 제일 먼저 뭐가 떠오르니? 우선 너희 집을 감싸는 벽이 있지? 우리가 사는 집은 바깥벽으로 둘러싸여 있잖아. 따뜻

하게 생활할 수 있도록 사람들을 보호해 주고 건물을 지탱해 주지. 또 뭐가 있을까? 옛날에는 외부에서 적이 침입하는 걸 막기 위해 성벽을 쌓기도 했어. 유명한 성벽으로 만리장성이 있지. 독일이 통일되면서 무너졌지만 동독과 서독 국경을 나누던 베를린 장벽도 있어. 지금도 몇몇 나라에서는 국경을 가르는 장벽이 세워져 있지. 갑작스런 재난 상황에 대비하기 위한 벽도 있어. 바다에서 일어난 해일로 큰 피해를 당하기 전에 미리 막아 두는 방벽 말이야. 이처럼 세상에는 수많은 벽이 있어.

이제 벽이라고 하면 어떤 느낌이 들어? 무언가를 나누거나 누군가를 보호해 주고 우리에게 피해 주는 걸 막는 거 같지? 벽 안에서는 말이야. 그럼 벽 바깥은 어떨까?

혹시 수치의 벽이라고 들어 봤니? 페루 한 도시의 산등성이를 따라 세워진 벽으로, 높이는 2m가 넘고 길이는 10km에 이른대. 근데 이 벽을 사이로 두고 신기한 풍경이 펼쳐져 있어. 한쪽에는 고급 주택과 화려한 빌딩이 들어서 있고, 다른 한쪽에는 단단한 벽도 없이 허술하게 지어진 판잣집이 다닥다닥 붙어 있지. 판잣집이 모여 있는 판자촌에는 전기도 들어오지 않고 물을 구하기도 어렵대.

이 벽은 왜 세워진 걸까? 바로 벽 한쪽 부자들의 안전을 위해서라고 해. 판자촌에 사는 가난한 사람들이 부자들의 동네로 넘어와 범죄를 저지르는 것을 막으려고 지었다는 거야. 실제로 범죄가 일어나지 않았더라도 미리 대비하는 차원에서 말이야.

부자들 입장에서 벽 안쪽은 안전하고 보호받는다는 생각이 들지도 모르지만, 벽 바깥의 사람들은 어떨까? 판자촌의 가난한 사람들은 벽을 보면서 수치스럽고 모욕감이 든대. 그래서 벽 이름이 수치의 벽인 거야.

자니 밀러가 하늘에서 찍은 남아프리카 공화국 요하네스버그의 모습이야. 양쪽의 빈부의 차이가 보이니?

너희는 이 벽이 공평하거나 평등해 보이니? 누군가에게는 부끄러움을 주는 벽을 돈이 많다고 해서 마음대로 지어도 되는 걸까? 부자들은 안전을 위해 다른 사람들이 지나다닐 길을 막을 권리가 있고, 가난한 사람들은 길을 막는 벽을 허물 권리가 없는 걸까?

다행히 2022년에 페루의 헌법 재판소에서 수치의 벽은 '차별적인 벽'이라며 철거를 명령했대. 하지만 벽을 완전히 허물더라도 판자촌 사람들 마음의 상처는 쉽게 아물지 않을 거야.

꼭 벽으로 나누지 않아도 세계 곳곳에 보이지 않는 빈부의 벽이 있어. 드론을 띄워 하늘에서 사진을 찍는 사진작가 자니 밀러는 빈부 격차를 보여 주는 사진을 찍어 왔어. 밀러가 찍은 사진을 보면, 도로나 철도 등을 사이에 두고 한쪽에는 수영장이 딸린 고급 주택이, 다른 한쪽에는 누가 봐도 곧 무너질 것 같은 허름하고 좁은 집이 빽빽이 자리 잡고 있는 모습을 볼 수 있지. 마치 딴 세상이 서로 어우러지지 못하고 분리되어 있는 모습이야.

외국으로 나갈 필요도 없이 우리나라에서도 한쪽에는 고급 아파트가 하늘을 향해 길게 뻗어 있고, 한쪽에는 쪽방촌이 꽉 차 있는 모습을 볼 수 있어.

왜 부유한 사람들과 가난한 사람들은 서로 어울리지 못하고 나뉘어 사는 걸까? 왜 누구는 가난하게 살고 누구는 풍요롭게 사는 걸까? 빈부 격차가 심하면 우리 사회에서 무슨 문제가 생길까? 지금부터 이야기를 시작해 볼게.

내가 가난한지 부유한지 어떻게 구분해?

너희들은 가난하다고 생각해? 아니면 부유하다고 생각해? 아마 둘 중에 하나를 확실하게 선택하는 친구는 별로 없을 거야. 사람마다 가난이나 부유함의 기준이 다르고 어느 한쪽에 속한다고 말하는 게 쉽지도 않을 테니까.

사람들이 돈을 얼마나 벌고 있는지, 재산은 얼마나 있는지 등에 따라 부유층, 중산층, 빈곤층으로 나누기도 하지만, 그 기준이 나라마다 시대마다 다르고 기준선을 누가 정하느냐에 따라서도 달라. 그래서 누가 부유층인지 빈곤층인지 정확하게 말할 수는 없어.

그래도 누가 부유층이고 누가 빈곤층인지 따져 볼까? 먼저 부자들, 부유층은 누구일까? 누구나 쉽게 예상할 수 있듯이 아주 풍족한 생활을 하는 사람들이야. 갖고 싶은 게 있다면 언제든지 살 수 있고 한동안 돈을 벌지 않더라도 몇 년, 몇십 년을 여유롭게 살 수 있는 사람들이지. 미국의 경제 잡지인 〈포브스(Forbes)〉에서는 매년 억만 장자를 발표하는데 2022년에는 2668명이었대. 이들을 슈퍼 리치(super rich)라고도 불러. 억만 장자는 재산이 10억 달러, 우리나라 돈으로 1조 원 이상 있는 사람을 말해. 정말 엄청나지?

정부 기관이나 경제 연구 단체 등에서 부유층과 빈곤층을 구분하는데 부유층은 세심하게 나누지 않아. 백만 장자나 억만 장자가 얼마나 있는지 정도만 발표하지. 그에 반해 빈곤층은 좀 더 세부적으로 파악하려고 해. 그건 아무래도 빈곤층이 우리 사회에서 관심 깊게 지켜봐야 할 대상이라서 그럴 거야.

그럼 가난한 사람들, 빈곤층은 누구일까? 빈곤층은 절대적

빈곤층과 상대적 빈곤층으로 나눠서 이야기해. 절대적 빈곤층은 세계 은행에서 기준을 세웠는데, 하루 1.9달러 미만으로 생활하는 사람들을 뜻해. 나라마다 물가가 달라서 기준이 정확하지는 않겠지만 1.9달러(우리나라 돈으로 2500원 미만)로 생활하는 건 정말 어렵겠지? 우리나라에서는 하루에 한 끼를 먹기도 힘들 거야. 이렇게 절대적 빈곤층은 사람이 생명을 유지하는 데 가장 기본인 끼니를 해결하는 것도 쉽지 않은 사람들을 말해.

상대적 빈곤층은 OECD(경제협력개발기구)의 기준에 따르면 중위 소득의 50%가 안 되는 사람들이야. 중위 소득은 돈을 많이 버는 가구부터 못 버는 가구까지 일렬로 세웠을 때 딱 중간에 있는 가구의 소득을 말해. 그러니까 상대적 빈곤층은 한 나라에서 딱 중간인 소득층이 벌어들이는 소득의 50%도 안 되는 돈을 버는 사람들을 뜻하는 거지. 2인 가구 기준, 2021년 우리나라의 한 달 중위 소득이 300만 원 정도였는데 소득이 150만 원이 넘지 않으면 상대적 빈곤층이라 부르는 거야.

정부에서 빈곤층을 정하는 이유는 그들이 도움이 필요한 사람들이기 때문이야. 경제적 도움을 받아야 다른 사람들과 평등하게 생활할 수 있거든.

하지만 빈곤층의 정의를 좀 더 폭넓게 생각해야 한다는 의견이 많아. 소득을 기준으로 하는 것도 문제고 말이야. 가령 돈을 전혀 벌지 않지만 재산이 많아서 먹고사는 데 아무 문제가 없는 사람들도 많잖아? 그리고 돈을 벌어도 풍족하게 생활하지 못하는 사람도 많고.

빈곤층의 구분은 각 시대와 나라의 상황에 맞춰 변해 가야 해. 옛날에는 굶는 사람이 많다가 지금은 그때만큼 굶는 사람이 없다고 해서 '이제 가난한 사람은 없어'라고 생각하면 곤란하지. 비록 굶지는 않더라도 일상생활을 하는 데 불편한 사람들이 많거든. 요즘은 컴퓨터가 없거나 인터넷을 할 수 없으면 학교 공부하기도 쉽지 않고 사람들과 소통하는 데도 문제가 되잖아? 휴대폰도 마찬가지고. 먹을 걱정은 없어도 일상생활에 꼭 필요한 컴퓨터나 휴대폰을 살 여유가 없다면 상대적으로 가난하다고 할 수 있을 거야. 그러니 우리는 좀 더 폭넓게 빈곤층을 생각해 보고 관심을 기울일 필요가 있어.

빈부 격차, 얼마나 심할까?

세상에는 아주 옛날부터 가난한 사람도 있고, 부유한 사람도 있었어. 사람마다 돈을 벌거나 모으는 능력이 다르고 주변 환경도 다를 테니 당연한 이야기겠지? 그런데 문제는 빈부 격차가 너무 심하다는 거야.

세계 여러 나라에서 빈부 격차를 줄이려고 노력하지만 줄어들기는커녕 오히려 늘어나고 있는 곳도 많아. 빈부 격차가 줄어들지 않는 이유는 가난한 사람은 계속 가난을 벗어나지 못하고 부유한 사람은 더 부유해지고 있기 때문이야.

그럼 빈부 격차는 얼마나 심할까? 프랑스의 세계불평등연구소에서는 2022년에 세계 불평등 보고서를 발표했는데, 거기에 따르면 세계 상위 10% 사람들의 평균 소득이 전체 소득에서 52%를 차지하고 하위 50% 사람들의 평균 소득은 8.5%를 차

지했대. 재산을 얼마나 가지고 있는지를 따지면 차이는 더 심각해. 상위 10%의 재산은 전체에서 76%를 차지하고, 하위 50%는 2%밖에 안 된다고 해. 그러니까 전 세계 인구 80억 명 가운데 8억 명이 전 세계 부의 76%를 가지고 있다는 거야. 이건 우리나라도 비슷해.

앞에서 절대적 빈곤층 이야기를 했지? 밥 한 끼 먹을 여유도 안 되는 사람들 말이야. 전 세계에 절대적 빈곤층은 얼마나 될까? 줄었다 늘었다 하지만 아직도 7억 명이 넘는다고 해. 전 세계 인구의 10% 가까이나 굶주리고 있어.

누군가는 돈을 잘 벌고 누군가는 돈을 못 버는 게 당연한 건데 빈부 격차가 무슨 문제냐고 생각하는 친구도 있을 거야. 문제는 돈이 많고 적고에 따라 불평등도 심해진다는 거야. 많은 전문가들이 빈부 격차가 심한 나라일수록 불평등도 심하다고 이야기해.

어떤 친구는 편한 집에서 생활하고 좋은 조건에서 공부할 기회를 얻고 심지어 잘 아프지도 않으면서 건강하게 살 수 있는데, 다른 친구는 아파도 병원에 가지 못한다면 뭔가 불공평한 건 아닐까? 누구나 똑같은 조건에서 공부할 수 있는 환경이 필요한데 가난한 나라에서 태어났다고 학교도 못 다닌다면 이건 불평등한 게 아닐까? 그리고 지구의 자원은 세계에서 살아가는 모두의 것인데 부유한 사람들이 가난한 사람들보다 훨씬 많이 사용한다면 문제 있는 것 아닐까?

우선 가난한 나라와 부유한 나라로 가서 사람들이 어떻게 살고 있는지 살펴볼 거야. 그러고 나서 나라 안에서 빈부 격차가 어떤 불평등을 만들고 있는지 살피면서 우리 주변에 대해서 알아가 보도록 하자.

양극화 사회는 어떤 사회일까?

요즘 사회를 양극화 사회라고들 해. 그럼 양극화는 무슨 말일까?

양극화는 둘 이상의 집단이 양쪽 끝으로 나아가려는 상태를 말해. 마치 줄다리기를 하듯이 말이야.

양극화라는 말은 다양한 분야에서 쓰이는데, 정치적으로 두 집단이 의견을 좁히지 못하고 갈등하는 걸 정치 양극화라고 하고, 계층이 나뉘어 서로 다투고 분열하는 걸 두고 사회 양극화라고도 하지. 무엇보다 빈부 격차로 인해 경제적 차이가 극과 극을 달리는 경제 양극화를 이야기할 때 가장 많이 쓰여.

양극화 사회의 가장 큰 문제점은 중간 계층이 줄어든다는 거야. 부유한 사람이 있고 가난한 사람이 있다면 그 중간쯤에 있는 부유하지도 가난하지도 않은 사람도 있기 마련이잖아? 하지만 빈부 격차가 심

해지면서 점점 중간 계층이 사라지고 있어. 중간 계층에 있던 사람들이 간혹 부유층이 되거나 많은 사람이 빈곤층으로 넘어 가고 있기 때문이야.

양극화가 심할수록 사회는 불안이 가득하게 돼. 일상생활에서도 안정감이 떨어져 언제 일자리를 잃게 될지, 먹고사는 데 문제가 생기지는 않을지 불안에 떨어야 하지. 그렇다 보니 양극화 사회에서는 사람들이 화합하지 못하고 갈등만 많이 생겨.

만약 우리나라에 부유층과 빈곤층, 두 집단밖에 없다고 생각해 봐. 어떻게 되겠어? 서로 다툼을 해도 중간에서 말릴 사람이 없으니 누군가는 크게 다치겠지? 끊임없이 줄다리기를 하다가 줄이 끊어지고 마는 것처럼 말이야.

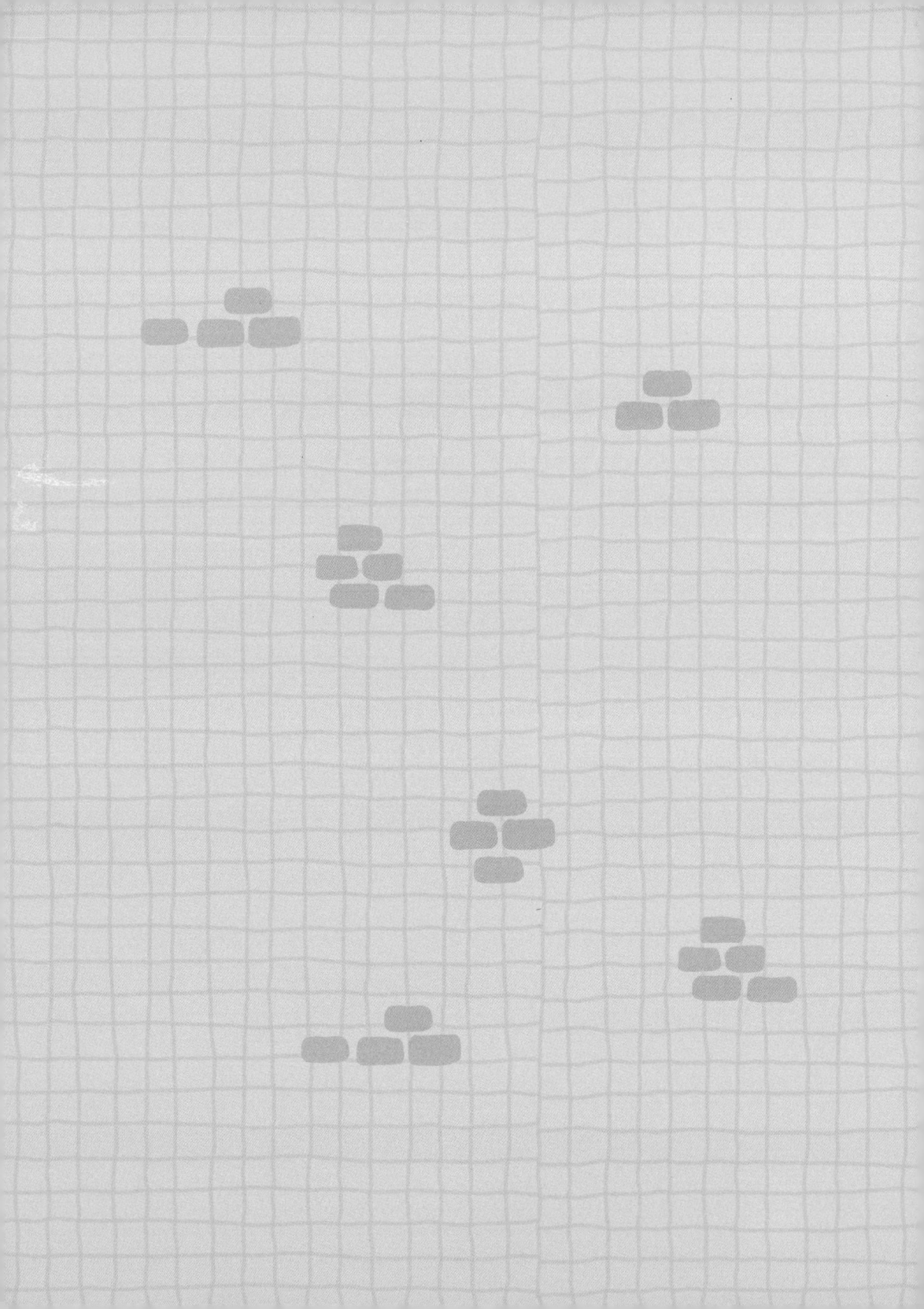

가난한 나라와 부유한 나라

나라와 나라 사이에도 빈부의 벽이 있어!

 2019년 처음 발생한 코로나19 감염병이 전 세계로 퍼지며 일상생활을 마비시켰어. 학교에 나가지도 못하고 친구들을 만나는 일도 쉽지 않았지. 올림픽 같은 국가 행사도 전부 취소되었고 경제 활동도 제대로 돌아가지 않았어. 세계에서 수억 명이 감염되었고 죽은 사람도 수백 만 명이 넘었지.

 여러 나라에서는 이 감염병을 막을 방법은 백신밖에 없다며 개발을 서둘렀어. 마침내 백신이 완성되었고 수많은 사람이 백신을 접종하며 일상을 되찾아 갔지. 하지만 모든 나라가 그런 건 아니었어. 부유한 나라에서 3차 백신 접종을 시작하고 있을 때 아프리카의 몇몇 가난한 나라에서는 백신을 한 번이라도 맞은 사람이 4%에 불과했지.

 가난한 나라에서는 너무 억울했을 거야. 코로나19 감염병이

자신들과는 전혀 상관없이 발생했는데도 가장 오랫동안 고통을 받아야 했으니까. 전문가들은 앞으로도 코로나19 같은 감염병이 계속 생길 수 있다고 해. 그럼 그때마다 부유한 나라는 상대적으로 좀 더 일찍 극복할 것이고, 가난한 나라의 사람들은 회복하는 게 더딜 수밖에 없어.

2022년에 아시아의 가난한 나라 파키스탄에서 큰 홍수가 났어. 나라의 30%가 물에 잠기고 1000명이 넘는 사람이 목숨을 잃었지. 이 일로 파키스탄의 기후변화부 장관은 "오염을 일으킨 부유한 국가들이 홍수 피해를 입은 파키스탄에 배상해야 한다"고 말했어. 왜 이런 말을 한 걸까?

지구 온난화로 인해 세계 곳곳에 이상 기후가 발생하고 있어. 평소보다 혹독한 추위가 찾아온다든지, 극심한 가뭄으로 농작물이 다 말라 죽는 일도 생기고 기록적인 폭우로 사람들의 터전이 물에 잠기곤 해.

지구는 온실가스 때문에 점점 뜨거워지는데, 전체 온실가스 중 무려 80%를 20개의 나라에서 배출한대. 부끄럽지만 우리나라도 그중 하나야. 그런데 기후 변화의 피해는 대부분 가난한 나라에서 입고 있어. 파키스탄의 온실가스 배출량은 전 세계의

파키스탄의 한 도시가 물에 잠긴 모습이야. 사람들은 터전을 잃을 수밖에 없었어.

0.4%밖에 안 되는데 갑작스런 폭우의 피해를 받은 거고. 그래서 파키스탄의 장관은 부유한 나라에서 책임을 져야 한다고 한 거야.

안타깝게도 가난한 나라는 기후 변화로 발생하는 재난에 취약할 수밖에 없어. 자연재해가 발생했을 때 애써 가꾼 농작물을 보호할 여력도 없고, 튼튼하지 못한 집은 쉽게 부서지거나 물에 쓸려 가곤 하지. IPCC(기후 변화에 관한 정부 간 협의체)의 보고에 따르면, 가난한 지역의 사람들이 그렇지 않은 지역의 사람들보다 폭풍, 가뭄, 홍수 등으로 사망할 확률은 열다섯 배나 더 높다고 해.

기후 변화를 일으킨 원인은 대부분 부유한 나라에 있는데 그 피해는 가난한 나라에서 다 짊어져야 한다니 이건 정의로운 일일까?

이뿐만이 아니야. 우리가 먹거나 입거나 사용하는 모든 것은 지구의 자원을 이용한 거야. 우리가 아플 때 먹는 약도 흔히 쓰는 플라스틱도 지금 너희들이 읽고 있는 책도 다 지구의 자원에서 비롯됐지. 그럼 지구가 품고 있는 자원은 우리 모두의 것이어야 하잖아? 근데 부유한 나라에 사는 세계 인구의 20%가 그 자원 대부분을 소비하고 있다고 해. 이건 너무 불공평한 일 아닐까?

식량이 모자란 나라, 식량을 버리는 나라

혹시 진흙 쿠키라고 들어 봤니? 진흙처럼 누런 색깔의 쿠키를 말하는 거 아니냐고? 그건 아니야. 정말 진흙으로 만들어서 진흙 쿠키라고 해. 진흙으로 만들었으니 먹을 수도 없고 소꿉놀이에나 쓰이는 걸까? 그런데 배가 고파서 이 진흙 쿠키를 먹는 사람들이 있어.

세계에서 가장 가난한 나라 중 하나인 아이티에서는 인구의 30%가 굶주린다고 해. 그래서 오래전부터 진흙에다가 소금, 버터, 밀가루 등을 아주 조금 섞어 모양을 빚고 햇볕에 말려서 쿠키처럼 먹었다고 해. 당연히 영양가도 전혀 없고 건강에도 좋지 않지만 진흙 쿠키를 먹으면 배고픔을 잠시나마 잊을 수 있어 파는 사람도 먹으려고 사는 사람도 많아. 실제로 이 쿠키를 먹고 복통에 시달리다 죽는 사람이 있는 데도 말이야.

아이티에서 진흙 쿠키를 만드는 모습이야.
진흙을 먹어야만 하는 현실이 너무 안타깝게만 느껴져.

앞에서 절대적 빈곤층이 7억 명이 넘는다고 했지? 그런데 제대로 먹지 못해 영양실조에 걸리는 사람은 세계에서 10억 명이 훨씬 넘고, 식량을 못 구할 수도 있다는 불안감에 시달리는 사람으로 넓히면 세계의 절반이나 된다고 해.

아이티뿐만 아니라 다른 가난한 나라의 굶주림을 겪는 사람들은 쓰레기를 뒤져 상한 음식물을 먹기도 하고, 물이 부족한 나라에서는 오염된 물웅덩이에서 물을 길어 와 마시기도 해. 그들도 상한 음식이나 오염된 물을 마시면 죽을 수도 있다는 걸

알지만 너무 배고파서 먹을 수밖에 없는 거야.

유엔식량농업기구(FAO)에서는 지금 세계에서 생산하는 식량만으로도 현재 세계 인구를 넘어 120억 명이 배부르게 먹고살 수 있다고 해. 그런데 왜 지금 세계의 절반은 굶주림에 시달리고 있는 걸까? 부유한 나라의 상황을 보면 어쩌면 이해가 될 거야.

세계에서 가장 부유한 나라 중 하나인 영국이나 미국에서는 재배되는 농산물의 40~50%가 시장에 나가기도 전에 버려진대. 아까운 걸 왜 버리냐고? 크기, 모양, 색깔 등 예쁘지 않은 과일이나 채소를 소비자들이 선택하지 않기 때문이야. 모양이 좋은 농산물만 시장이나 마트로 보내고 나머지는 갈아엎거나 퇴비, 혹은 가축 사료로 사용한다고 해.

버려지는 식량은 농산물 말고도 훨씬 많아. 식품점에서는 유통 기한이 다가온 제품을 바로 버리고, 빵집에서는 하루가 지나면 빵을 전부 버리기도 하고, 가정에서도 먹다 남거나 오래 보관하던 음식물을 버리잖아. 전체를 따지고 나면 생산된 식량 중 적어도 30%가 버려지는 셈이래.

문제는 또 있어. 세계에서 생산되는 곡물의 30%는 가축 사료로 사용돼. 굶주리는 사람도 많은데 옥수수, 콩 등 사람이 바

로 먹을 수 있는 곡물을 가축에게 주는 이유는 뭘까? 그건 부유한 나라의 사람들이 고기를 너무 많이 먹고 있기 때문이야. 고기를 파는 건 돈이 되는 일이니까 더 많은 가축을 키우기 위해 사료가 필요해.

게다가 사료로 쓰이는 곡물과 가축을 키우기 위해 아마존 열대 우림과 같은 숲이 파괴되고 있어. 부유한 나라에서 풍족하게 먹는 고기 때문에 가난한 나라의 숲마저 파괴되고 있는 거야.

자원을 캐는 나라, 자원을 소비하는 나라

너희들 모두 스마트폰을 갖고 있지? 지금 쓰는 건 얼마나 됐어? 부서지거나 싫증이 나서 바꾼 적은 없니? 우리가 스마트폰을 편리하게 사용하다가 새것으로 교체하는 동안에도 한쪽에서는 스마트폰에 들어가는 재료를 캐느라 고통받는 아이들이 있어.

스마트폰, 노트북, 무선 청소기, 무선 이어폰, 전기 자동차 등의 배터리를 만들 때 꼭 필요한 광석이 있어. 바로 코발트야. 전 세계에서 코발트가 가장 많이 묻혀 있는 나라가 콩고인데, 이곳의 광부들은 아주 열악한 환경에서 코발트를 캐고 있어. 특별한 보호 장비도 없이 곡괭이 같은 기본 도구로만 광석을 파 낸대. 심지어 맨손으로 작업하는 경우도 많다는 거야.

그게 무슨 문제냐고? 코발트 광석은 독성 물질이라 오랜 시간 노출되면 폐 질환, 청각 장애, 암 등에 걸릴 수 있어. 이렇게 위험한 물질을 맨손으로 캐고 있으니 병에 걸리는 사람이 많대. 또 코발트를 마구잡이로 캐다 보니 광산 근처 물, 공기도 오염이 되고 있어. 이로 인해 주변 땅에서는 농작물을 키울 수도 없고, 강물에서는 물고기도 죽는 일이 생겨. 이런 오염된 환경에서 사는 사람은 어떻겠어? 최근 코발트 광부들이 낳은 아기들이 기형아로 태어나는 경우가 많다고 해.

위험한 환경에 놓인 건 어른들만이 아니야. 콩고에서는 학교에 다녀야 할 어린아이들마저도 코발트 광산에서 일을 하고 있어. 그 수는 무려 4만 명 정도라고 해. 하루종일 일을 해서 받는 돈은 겨우 2달러도 안 된다고 하고 말이야.

광부들도 코발트 캐는 일이 위험하다는 건 알아. 하지만 돈이 없어서 일을 할 수밖에 없고, 보호 장비 같은 걸 살 수도 없지. 콩고의 광부들이 얼마 벌지도 못하면서 목숨을 걸고 일한 덕분에 지구 반대편에 있는 우리는 좀 더 싼값에 스마트폰을 사고 있어.

부유한 나라에서는 스마트폰 신제품을 출시하는 날 신기한 광경을 볼 수 있어. 판매점 앞으로 사람들이 줄지어 서 있는 거

야. 문을 열기도 전 새벽부터 줄을 선 사람들도 있지. 마침내 신제품을 사고서는 환호하는 모습을 볼 수 있어. 이렇게 우리는 스마트폰을 좋아하고 많이 사고 있지. 2022년 전 세계에서 팔린 스마트폰은 무려 17억 대였어.

우리나라에서 한 사람이 평생 사용하는 휴대폰은 30대 정도래. 빠르면 1년, 적어도 3~4년이면 교체한다고 해. 우리나라처럼 디지털 기기를 많이 쓰는 미국에서는 한 해에 버리는 컴퓨터가 3000만 대가 넘고, 스마트폰은 1억 개가 넘는대.

정말 많이 쓰고 버리고 있지? 기업은 소비자들이 디지털 기기를 오래도록 쓰지 않고 버리면 더 이익이 남기 때문에 자꾸 신제품을 쏟아 내고 광고를 해. 소비자는 그에 맞춰 아직 고장이 나지 않았는데도 금세 바꾸지.

콩고처럼 자원은 풍부하지만 가난한 나라가 많아. 부유한 나라의 기업에서 자원을 가져오는 데 제값을 쳐 주지도 않고, 일부 힘 있는 사람들이 모든 이익을 가져가기 때문이야.

예쁘고 좋은 물건이 있다고 쉽게 사 버리지 말고 혹시 그걸 만드는 과정에서 고통을 받는 사람은 없을까 한 번 더 생각해 보는 건 어떨까?

쓰레기를 줍는 나라, 쓰레기를 수출하는 나라

 필리핀의 한 가난한 마을. 마을이 온통 쓰레기로 뒤덮여 있어 쓰레기 마을이라고 불려. 이곳에서 아이들은 쓰레기 더미를 뒤지면서 생활해. 쓰레기 중에 고철이나 플라스틱, 유리병 등을 찾는 거지. 그걸 모아서 파는 거야. 쓰레기를 주울 때 날카로운 쇠나 유리 조각에 찔려 다치기도 하지만 쓰레기 산 파헤치는 걸 멈추지 않아. 그마저 없으면 먹고살 길이 없으니까. 가끔은 음식물 쓰레기를 뒤져 먹을 것을 찾기도 한대. 집으로 돌아가도 편히 쉴 수가 없어. 온갖 쓰레기가 주변에 널려 있어 악취로 가득하거든.

 이 많은 쓰레기는 다 어디서 온 걸까? 도시에서 발생한 쓰레기가 모이기도 했지만, 다른 나라에서 온 쓰레기도 많대.

 나이지리아의 한 마을. 이곳에는 전자 제품 쓰레기 산이 있어. 쓰레기 더미 속에서 아이들은 전선을 찾아 불에 태우면서 생활해. 전선을 왜 태우냐고? 전선 고무 피복을 다 태우고 나면 구리 선이 나오거든. 거기서 나온 구리를 파는 거지. 아이들은 학교에 다니지도 않아 글도 모르지만 쓰레기 더미에서 나오는 철, 니켈, 구리, 알루미늄 등을 구분할 수 있다고 해. 그걸 팔면 얼마가 되는지를 글보다 먼저 깨닫고 있는 거야. 장갑을 구할 형편도 안 돼 맨손으로 작업하면서 말이야.

이곳에 모인 전자 제품은 어디서 온 걸까? 도시에 있는 중고

디지털 쓰레기장이라고 불리는 가나의 아그보그블로시에서도 전선을 태우는 광경을 흔히 볼 수 있어. 이때 유독 가스가 엄청나게 나온다고 해.

매장에서 버린 것들이 모인 거래. 중고 매장에 쌓인 전자 제품은 다른 나라에서부터 온 거고.

2019년 우리나라에서 부끄러운 기사가 났어. 2018년 필리핀으로 불법 수출한 플라스틱 쓰레기가 6500톤 있다는 게 알려진 거야. '재활용이 가능한 플라스틱 조각'으로 수출한 건데, 확인해 보니 각종 유해 물질과 플라스틱이 섞여 있는 쓰레기였대. 이 사실이 알려진 뒤 필리핀 환경 단체들은 '쓰레기를 도로 가져가라'고 시위했고, 결국 전부 돌려받기로 합의했어.

우리나라뿐 아니라 세계의 부유한 나라에서 쓰레기를 몰래 수출하는 일은 많아. 2009년엔 영국에서 쓰레기에 '재활용품'이라고 표시하고 브라질로 수출했다가 사실이 밝혀진 적이 있지. 심지어 인도에서는 '기부 물품'으로 표시되어 온 물품을 확인해 보니 못 쓰는 컴퓨터 쓰레기가 가득했대. 대부분 미국에서 온 거였지.

쓸 만한 게 있는지 찾아봐야겠어.

나이지리아로 들어간 전자 제품도 마찬가지야. 세계 곳곳에서 중고 전자 제품이라는 이름으로 들어온 것 중에는 고쳐서도 쓸 수 없는 전자 제품이 절반이 넘는대.

필리핀, 나이지리아 말고도 말레이시아, 몽골, 케냐, 가나 등 가난한 나라에는 쓰레기 마을이 많아. 이곳에 모인 쓰레기는 대부분 부유한 나라에서 온 거지.

우리가 아무리 분리 수거를 잘해서 쓰레기를 버린다고 해도 플라스틱은 재활용률이 10%, 전자 제품은 15~20% 정도밖에 안 된대. 그럼 나머지는 다 어떻게 되는 걸까? 전부 버려지고 있어. 묻거나 태우거나 그걸로도 모자라면 가난한 나라에 수출이란 이름으로 버리고 있지. 부유한 나라에서는 갖가지 물건을 마음껏 쓰고 버리면서 쓰레기 부담은 전부 가난한 나라에 지우고 있는 거야.

너희들은 이미 부유한 나라에 살고 있어서 쓰레기를 주워서 먹고사는 생활이 잘 실감이 나지 않을지도 몰라. 나도 세상을 둘로 나눈 벽이 되기 전까진 믿지 못했을 테니까. 하지만 정말 가난한 나라에 사는 사람은 고통을 받고 있고, 부유한 나라에 큰 책임이 있어.

그리고 부유한 나라라고 해서 모두가 잘사는 건 아니야. 나라 안에서도 돈이 많고 적은 차이 때문에 차별이 있고 불평등한 관계가 이루어지고 있어.

오염된 물을 마시는 아이들

TV나 책에서 자기 몸만 한 물통을 짊어지고 길을 걷는 아프리카 아이들 모습 본 적 있니? 케냐, 니제르, 우간다 등 아프리카의 몇몇 지역에서는 물을 구하기가 어려워. 마을에 물을 길을 수 있는 우물도 없고, 수도 시설이 제대로 되어 있지 않아 식수를 구하러 몇 킬로미터씩이나 되는 길을 걸어야 한대. 아이들은 학교에 가지도 못하고 물통을 채우고 물을 떠 오는 데만 하루의 많은 시간을 보내고 있어.

집에서 먼 길을 걸어 찾은 식수는 심지어 깨끗하지도 않아. 오래된 물웅덩이라 동물의 분뇨가 뒤섞여 있기도 하고, 기생충이 가득하기도 해. 하지만 오염된 물이라도 마셔야 살 수 있기 때문에 달리 방법이 없어. 오염된 물을 마신 아이들은 복통에 시달리거나 설사병이 나기도 해. 그러다 심하면 죽는 일도 있대.

전 세계에서 물을 충분히 마시지 못하는 아이들이 4억 명이 넘고, 오염된 물로 인해 죽는 다섯 살 이하의 아이들이 하루 700명이나 된다고 해. 그리고 이 위험은 앞으로 더 심각해질 가능성이 있어.

부유한 나라의 자원봉사자들이 이들 지역으로 가서 우물을 파 주거나 물을 정화시키는 장비를 마련해 주기도 해. 하지만 이런 노력으로 물을 제대로 마실 수 있는 아이들이 늘어나는 것보다 물 부족을 겪는 아이들의 수가 더 늘어나고 있어. 기후 변화 때문이야.

물 부족을 겪는 지역은 대부분 비가 많이 내리지 않아. 그래도 우기에 내린 비로 잠시나마 물을 공급받을 수 있었는데, 최근에는 가뭄이 심하다고 해. 2022년 케냐에서는 40년 만의 최악의 가뭄으로 멸종 위기 종 중 하나인 그레비 얼룩말이 떼죽음 당하는 일도 있었어. 코끼리 같은 야생 동물뿐만 아니라 사람이 기르던 가축도 260여만 마리나 죽었다 하고. 이 때문에 600만 명이나 되는 사람들이 굶주릴 위기에 빠졌어.

오염된 물을 마실 수밖에 없고, 이젠 그마저도 구하기 어려운 아이들이 지구 반대편에 아주 많은 데는 부유한 나라의 책임이 있다는 걸 잊지 말아야 해.

물 부족 국가의 아이들은 고여 있는 물이라도 떠 올 수밖에 없어.

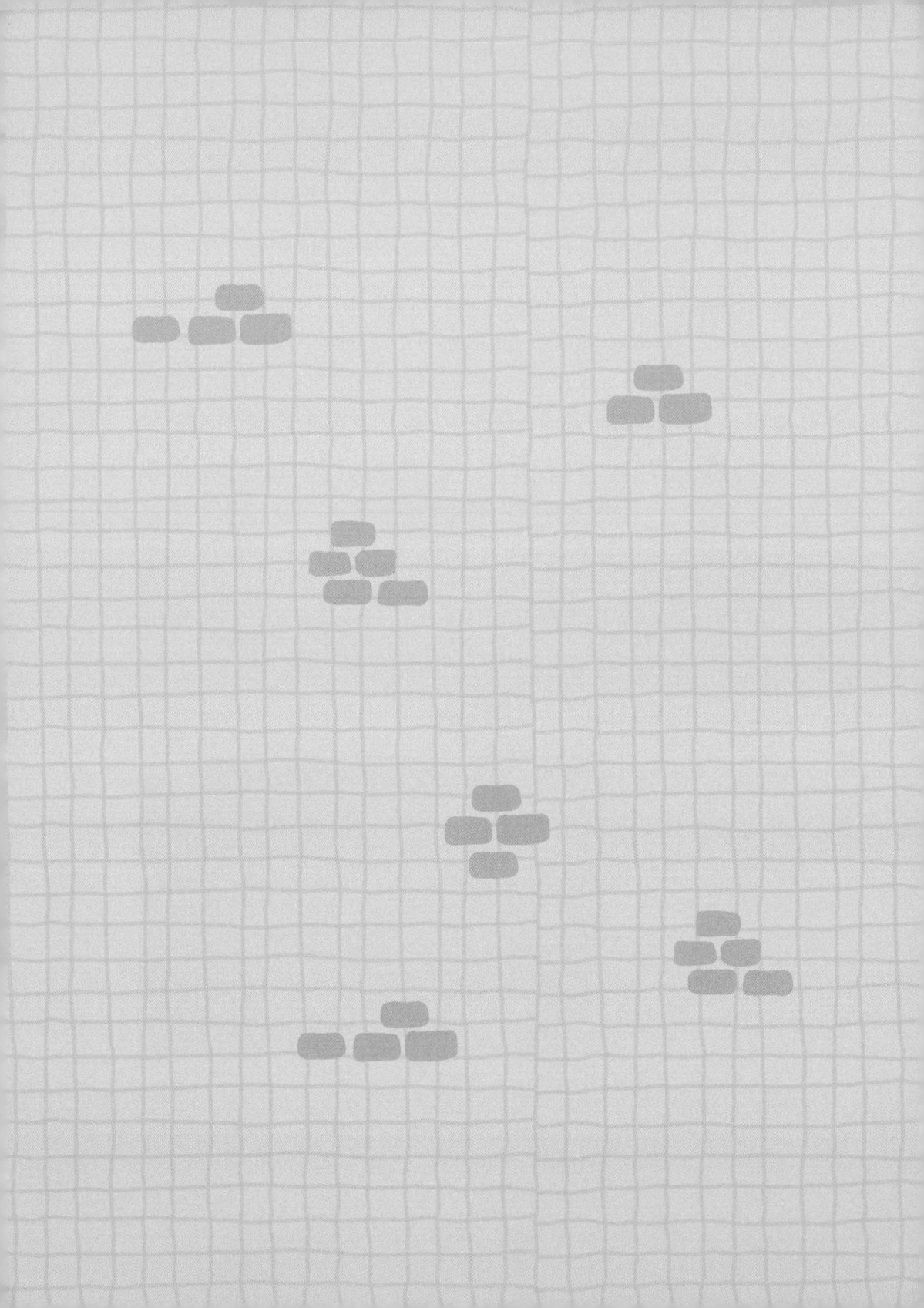

빈부 격차가 만든 불평등

쪽방촌에 사는 사람들

 우리나라 도시에 있는 쪽방촌에 대해 들어 봤니? 큰 빌딩이 늘어선 도심지 옆으로 작고 허름한 집들이 옹기종기 모여 있는 곳이야. 허름한 집을 개조해 방의 형태가 아주 잘게 쪼개진 모습이라고 해서 쪽방이라는 이름이 붙었지.

 쪽방은 매우 작아서 사람 한 명이 겨우 누울 수 있는 정도이고, 화장실도 부엌도 딸려 있지 않아. 볼일을 보거나 음식을 먹으려면 공동 화장실, 공동 취사 시설을 이용해야 하지. 그마저도 열악하고. 허름한 집이라 비가 오면 비가 새기도 하고 곰팡이와 바퀴벌레가 가득한 경우도 있어. 냉난방 시설도 제대로 갖춰져 있지 않고 말이야. 너희들이 이곳에서 산다고 생각하면 어때? 집에서 생활하는 게 너무 불편하겠지?

 근데 이렇게 살기 불편한 곳에 사람이 왜 사냐고? 쪽방촌에

판잣집이 모인 판자촌에 사는 사람들도 있어. 나무판자로 허술하게 지은 집이라 화재나 침수에 취약해.

사는 사람들은 대부분 혼자 사는 1인 가구이고 일자리가 없는 노인들이야. 우리나라에서는 절대적 빈곤층에게 '기초 생활 수급비'라고 해서 겨우 먹고살 정도의 생계비를 주는데, 쪽방촌 사람들은 거의 기초 생활 수급비로 생활을 해. 단돈 몇백 만 원인 보증금을 낼 돈이 없어서 보증금 없이 월세만 내면 되는 쪽방촌으로 들어온 거야.

쪽방촌 사람들은 집에 문제가 생겨도 고쳐 달라고 집주인에게 요구를 하지 못해. 혹시라도 쫓겨날까 봐 정당한 요구를 하지도 못하는 거야. 혹시 집주인이 내보내지 않을까, 지역이 개발되면서 나가야 하지 않을까 두려움에 떨며 살아가지. 아주 좋지 않은 환경에서 살지만 여기서라도 쫓겨나지 않기를 바라고 있어. 쪽방촌에서도 살지 못하게 되면 이들은 집도 없는 노숙인 신세가 될 수밖에 없다고 해.

쪽방촌에서 옆 동네로 눈을 돌리면 높은 빌딩과 아파트가 보여. 쪽방촌에 사는 사람들과 빌딩에 사는 사람들은 별달리 만나는 일도 없이 각자의 시간을 보내. 수치의 벽처럼 보이는 벽은 없지만 공간이 확실히 분리되어 있는 느낌이지. 그 두 공간에서 누군가는 집 걱정 없이 오늘 무얼 먹을까 고민하며 산다면, 누군가는 무엇이라도 먹을 수 있을까 걱정하며 사는 게 우리 도시의 모습이야.

우리나라는 부유한 나라 중에서 불평등 문제가 좋은 편은 아니야. 특히 주택과 토지 소유에 있어서 불평등이 아주 심한 편이지.

우리나라의 2019년 기준 가구 수 대비 주택 보급률은 104%래. 이 말은 전국에 사는 모든 가족이 집을 가질 수 있을 만큼 집이 충분하다는 소리야. 하지만 실제로 집을 가지고 있는 가구는 55% 정도에 불과하대. 집은 많지만 집이 없다는 소리가 나올 만해.

이건 부유한 사람 몇몇이 집을 너무 많이 가지고 있기 때문이야. 집을 가장 많이 소유한 사람 스무 명이 평균 416채 넘게 갖고 있다니까 얼마나 차이가 심한지 느껴지니?

토지, 그러니까 땅을 누가 얼마나 갖고 있느냐를 따지면 불평등은 더 확실히 드러나. 우리나라의 국가나 공공 단체가 소유한 땅을 제외하고 개인이 가진 땅을 비교해 봤을 때 가장 많은 땅을 소유한 10%의 사람이 전체 면적의 90%를 갖고 있다고 해. 그러니까 전체 국민 중 땅 부자 10%가 우리나라 땅 전체를 가지고 있는 셈이야.

땅이나 집을 많이 갖고 있는 사람은 그걸 빌려 줘서 돈을 받고 더 많은 돈을 벌어. 하지만 가난한 사람들은 겨우 월세를 내며, 월세가 오르기라도 하면 쫓겨나듯 다른 집을 구해야만 하지. 사는 집 때문에 빈부 격차가 더 벌어지고 있어.

정치인이 쪽방촌에 사는 노인을 위로하는 모습을 찍은 사진이나 아름다운 벽화를 그려 사람들이 방문할 수 있는 동네로 만든다는 기사를 본 적이 있어. 그런 기사를 보는 사람들은 무슨 생각을 할까? '아, 저런 가난한 동네도 있구나. 난 저곳에 살지 않아서 다행이다'라고 생각하지는 않을까? 우리에게 필요한 건 안타깝게 바라보는 시선이 아니라 가난한 사람들에게 정말 필요한 건 무엇일까, 왜 가난한 사람들과 우리는 섞여서 살지 못할까, 공간마저 불평등한 세상은 옳은 걸까 하고 고민해 보는 것 아닐까?

아파트에 살지 않는 사람들

 우리나라는 주거 불평등이 심하고, 사는 집에 따라 가난한 사람과 부유한 사람을 나누곤 해서 집이 사람을 평가하는 기준이 되기도 해. 성격이 어떤지 무슨 일을 잘하는지로 사람에 대해 이야기하는 게 아니라 어떤 집에 사느냐에 따라 괜찮은 사람, 부족한 사람 등으로 평가하는 거야. 특히 아파트가 그 기준이 되어 버렸어.

 우리나라는 땅은 좁은데 인구는 많아서 오래전부터 아파트가 들어섰어. 특히 도시로 몰린 사람들을 감당하려면 아파트를 많이 지을 수밖에 없었지. 그러다 점점 아파트 단지가 커지고 더 높은 아파트가 생겼어. 아파트에 사는 사람이 늘어나니 자연스레 학교, 도로, 병원, 쇼핑몰 등 사람들이 살아가는 데 꼭 필요한 시설이 아파트 중심으로 생겨났지. 많은 사람들이 아파트에 살기를 원하고 아파트의 집값은 계속 올랐어. 초고층 아파트는 부의 상징이 되기도 하고 말이야.

이제 아파트에 사는 사람들은 자신들과 아파트에 살지 않는 사람들을 구분하기 시작했어. 아파트 단지로 보이지 않는 울타리를 쳐 놓고, 아무나 들어올 수 없게 만들지. 주거 공간뿐만 아니라 생활 공간도 구분 지으려고 해. 아파트에 사는 아이들과 그렇지 않은 아이들이 다른 학교에 다니길 바라는 어른도 있지.

아파트라고 다 같은 아파트도 아니야. 이름 있는 아파트, 이름 없는 아파트, 임대 아파트로 또 구분해. 같은 아파트 단지로 묶여도 임대 아파트 사는 사람들과는 섞이지 않으려 발버둥 치는 모습을 보는 건 흔한 일이 되어 버렸어. 그래서 아이들마저 임대 아파트, 빌라 사는 친구들을 놀리는 일도 생겼지.

너희들 주변에 비싼 아파트에 사는 친구, 임대 아파트 사는 친구, 빌라 사는 친구가 있니? 그 친구들이 사는 곳이 다르다고 차별당하거나 놀림을 받으면 기분이 어떨까? 부당하다고 생각하지 않을까?

우리가 살아가는 공간은 계속 분리되고 있어. 처음에는 빈민촌을 구석으로 몰아넣더니 지금은 집값에 따라 잘게 쪼개지고

있지. 공간이 분리되는 건 단지 내가 살고 있는 곳만 나뉘는 건 아니야. 각자가 사는 곳에 따라 마음도 생각도 떨어져 버리는 거야.

혹시 주변에서 가난한 친구를 본 적 있니? 너희 부모가 어릴 때만 하더라도 같은 반에 가난한 집안의 친구, 부유한 집안의 친구가 섞여 있었어. 하지만 지금은 쉽게 볼 수 없어. 만약 주변에서 가난한 친구를 볼 수 없다면, 이미 너희 세계에 보이지 않는 벽이 쳐져 있기 때문일 거야. 너희들이 사는 곳, 공부하는 곳, 놀고 생활하는 곳 등이 가난한 아이들과 분리되어 있다는 이야기야.

가난해서 공부를 못한다면?

가난한 나라의 아이들은 학교에도 가지 못하고 생계를 위해 일을 한다는 이야기는 기억나지? 그에 반해 부유한 나라의 아이들은 누구나 학교를 다니고 말이야. 그럼 나라 안에서도 가난하거나 부유해서 공부를 더 잘하거나 못하는 일이 있을까? 많은 전문가들은 빈부의 차이가 공부에 영향을 끼친다고 말해.

코로나19 감염병이 한창일 때 학생들은 학교에 나가지 않았어. 온라인 수업으로 공부를 했지. 학교에 가지 않아서 좋았던 친구도 많을 테지만, 그때 교육 불평등은 더 심해졌어.

코로나 시대에 한 전문가가 학생들을 대상으로 설문 조사를 했는데, 결과를 보면 안타까운 마음이 들어. 조사 결과에 따르면 저소득층 아이들이 고소득층 아이들에 비해 온라인 수업 환경이 좋지 않고, 수업이 이해가 안 되어도 도움을 얻을 사람이 적었대. 점심을 안 먹는 경우도 많고 말이야.

디지털 기기가 있더라도 낡았거나 인터넷 속도가 느리고 좁은 집에서 형제자매와 함께 수업을 들어야 하니 공부하는 데 방해를 받는 거야. 또 집에서 공부할 때 도움을 줄 부모들이 일하느라 여유가 없어 혼자서 공부를 해 나가야 했지.

무엇보다 슬픈 건 '지금 행복하냐?'는 질문에 고소득층 아이들은 72.5%가 행복하다고 답변했는데 저소득층 아이들은 39%만 행복하다고 한 점이야.

태어나자마자 아이들은 교육 불평등을 겪어. 미국의 한 연구 결과에 따르면 부유한 집안의 아이들이 그렇지 못한 아이들에 비해 풍부한 언어를 습득한대. 좀 더 여유 있는 부모들이 다양한 어휘를 쓰면서 아이들과 대화도 많이 하기 때문이야.

우리나라에서는 초등학생이 되면서 다닐 수 있는 사립 초등학교와 국제 학교가 최근 큰 인기를 끌고 있어. 일반 초등학교와 달리 다양한 체험과 외부 활동을 할 수 있고, 국제 학교는 영국, 미국식 교육으로 진행한대. 이런 초등학교를 나온 아이들이 나중에 좋은 대학을 가는 경우도 많고 말이야.

부모나 아이들 누구나 이런 학교에서 교육을 받고 싶을 거야.

하지만 아무나 갈 수 없어. 사립 초등학교는 학비가 1000만 원이 넘고, 국제 학교는 5000만 원이 넘는대. 부유한 집안의 아이들만 다닐 수 있는 학교인 거야.

가난한 가정의 아이들은 비싼 학교에 다니는 아이들을 보면 어떤 생각이 들까? 누구는 하고 싶은 걸 마음대로 하는데 누구

는 꾹 참고 있어야 한다고 생각하지 않을까?

결국 교육 불평등은 대학까지도 이어져. 우리나라의 명문대에 입학한 신입생들을 조사해 봤더니 소득으로 상위 20%인 가정의 학생들이 절반이 넘었대.

이상하지? 가난한 집안에서 태어났다고 해서 부유한 집안의

아이들보다 공부를 꼭 못하리란 법도 없는데 말이야. 하지만 실제로 부유한 집안의 아이들이 더 좋은 성과를 거두는 걸 보면, 교육의 기회가 동등하지 않다고 할 수 있을 거야.

　최근 국제 학교가 인기가 많자 여러 지역에서 국제 학교를 만들려고 시도한다고 해. 좋은 교육 환경에서 인재를 길러 낸다고는 하지만, 결국 그 인재가 우리 사회의 불평등을 더욱 키우는 거라면 그런 학교가 굳이 생길 필요가 있을까 싶어.

아파도 병원에 갈 수 없어!

너희들은 몸에 열이 나고 아파서 기운이 없으면 어떻게 해? 당연히 부모님이 서둘러서 병원에 데려가겠지? 병원에서 진찰을 받고 약을 처방받아서 집에 와 쉬다 보면 괜찮아질 테고. 그런데 어떤 사람은 아파도 일을 쉴 수가 없고 병원에 가지도 못해.

돈이 없는 사람이 돈이 많은 사람에 비해 병에 걸리거나 다칠 위험이 더 높고 아프더라도 제대로 치료받지 못한다고 해. 돈이 많은 사람의 수명이 더 길고 말이야.

노동자가 공사장에서 떨어져 다치거나 밀폐된 공간을 청소하다가 질식했다는 뉴스 본 적 있지? 이런 위험한 일을 하는 사람은 누구일까? 아무래도 잘사는 사람이 위험한 일을 하지는 않을 거야. 실제로 저소득층일수록 위험하고 스트레스가 심한 환경에서 일을 한다고 해. 그러니 자연히 다치거나 병에 걸리는 경우가 많지. 그럼 치료를 받는 건 어떨까?

혹시 '국민 건강 보험 제도'에 대해서 들어 본 적 있니? 경제 활동을 하는 국민 모두가 소득과 재산에 따라 보험료를 내면, 병원에서 치료를 받고 약을 구입할 때 정부가 일정 금액을 부담해 주는 제도야. 우리나라는 국민 건강 보험 제도가 잘 갖춰진 편이래. 그래서 돈이 없는 사람도 병원에 가서 적은 돈만 내고도 치료받을 수 있고, 절대적 빈곤층은 거의 돈을 내지 않고도 치료를 받을 수 있어.

그런데도 가난한 사람들은 정부가 내주는 돈 외에 개인이 내야 할 돈마저 부담스러워서 병원에 잘 가지 않아. 무엇보다 부유한 사람들이 꾸준히 건강 검진도 받으면서 건강을 챙기는 데 비해 가난한 사람들은 건강을 챙길 마음의 여유가 없어. 아파도 일을 쉴 수가 없는 거지. 그래서 병원비 부담과 생계 활동 등 경제적 이유로 아플 때 의료 서비스를 제대로 받지 못하는 사람이 절반이 넘는대.

우리나라 말고 다른 나라 이야기도 해 볼까? 미국은 부유한 나라 중에서도 건강 불평등이 가장 심한 나라 중 하나야. 정부가 운영하는 건강 보험 제도가 거의 없고, 대부분 민간 기업에서 운영을 해. 기업은 많은 이익을 남기려다 보니 자연히 보험료는 비싸고, 병원비도 비싸. 그래서 미국에서 건강 보험에 가입되지 않은 사람이 무려 2800만 명 정도래.

병원비도 비싼데 보험까지 없으면 무슨 일이 벌어질까? 어떤 미국인이 일을 하다가 손가락이 잘린 일이 있었어. 재빨리 응급실로 갔고 거기서 바로 수술을 하면 손가락을 붙일 수 있는 상황이었지. 하지만 그 미국인은 손가락 봉합 수술을 받지 못했대. 그 비용을 감당할 수가 없어서야. 미국인의 40%는 응급실을 이용할 때 드는 400달러의 비용을 감당할 능력이 없다고

해. 그러니 빈곤층 중에는 아파도 병원에 가지 못해 죽는 경우가 많아.

병원 문제만이 아니라 일상에서도 가난한 사람들은 건강을 챙길 여력이 없어. 특히 먹거리에서도 빈부 격차가 있어. 먹을 게 부족했던 옛날에는 뚱뚱한 사람이 부유함의 상징처럼 여겨졌지. 하지만 지금은 빈곤층의 비만율이 더 높다고 해. 가난한 사람들이 건강한 재료로 음식을 만들어 먹기보다는 칼로리만 높고 영양가 없는 값싼 인스턴트식품을 많이 먹기 때문이야.

부유한 사람이 비싼 물건도 갖고 더 좋은 차를 끌고 다니는 건 당연한 일일 거야. 하지만 사람에게 꼭 필요한 물건을 갖는 거나 차가 없더라도 누구나 어디든 이동할 권리는 똑같아야 하는 거 아닐까? 건강 문제도 마찬가지고 말이야. 돈이 있든 돈이 없든 누구나 건강할 권리가 있지. 그걸 보장받지 못하는 사회는 매우 불공평하고, 불평등한 곳일 거야.

불공평한 이상 기후의 공격

 2022년 여름, 우리나라에 갑작스런 폭우가 쏟아졌어. 한꺼번에 많은 비가 내리자 물이 제대로 빠지지 못하고 도로에 있던 자동차들이 잠기고 사람들이 물에 휩쓸려 다치기도 했어. 그리고 안타깝게도 반지하에 살던 가족 세 명이 목숨을 잃는 일도 일어났지.

 반지하는 반은 지상에, 반은 지하에 있는 방이야. 지하처럼 아래로 내려가면 나오는 공간이지만 창문 일부가 지상으로 나와 있어 꽉 막혀 있지는 않지. 하지만 환기가 잘 되지 않고 습도가 높아 곰팡이도 슬고 사람이 살기에 불편함이 많아. 그래도 다른 집보다는 저렴해서 돈이 좀 부족한 사람들이 이곳에 들어가 살지.

 그런데 반지하는 재난에도 취약했어. 폭우로 물이 순식간에

반지하는 밖에서 지나가는 사람들에게 생활 공간이 노출되어 있어 사생활 보호가 안 되는 경우도 많아.

차오르자 높은 층에 사는 사람은 아무 문제가 없고 낮은 층에 사는 사람도 금방 대피할 수 있었지만 반지하에 사는 사람은 재빨리 피할 수가 없었던 거야.

우리나라도 전 세계와 마찬가지로 이상 기후 현상이 벌어지고 있어. 갑자기 폭우가 쏟아졌던 것처럼 어떨 땐 보통의 다른 해보다 훨씬 덥기도 하고, 아주 추워지기도 하지. 태풍이 평소와 다른 시기에 발생하기도 하고 말이야. 이상 기후 현상은 점점 더 자주 일어날 거라고 해.

하지만 이상 기후로 가장 큰 피해를 입는 건 항상 가난한 사람들이야. 앞에서 가난한 나라들도 부유한 나라에 비해 이상 기후 피해를 많이 받는다고 했지? 근데 최근 연구 결과에 따르면 나라 간 격차보다 나라 안에서 기후 불평등이 더 심하대.

쪽방촌 사람들은 여름이 되면 너무 더워서 집 안에서 생활할 수가 없어. 많은 시간을 밖에서 보내다가 잠들 시간이 되어서야 방에 눕는다고 해. 겨울이 되면 상황은 더 심각해. 보일러도 들어오지 않는 곳이 많아 겨우 전기장판에 의지해 추위와 싸워야 하지. 별다른 도움 없이 추위, 더위와 혼자서 싸워 나가다가 아무도 모르게 숨지는 일도 있고.

미국에서도 급작스런 폭염으로 매해 1500명가량 사망한다고 하는데, 그중 절반이 노숙인이라고 해. 집도 없이 길거리에서 생활하는 노숙인들은 극심한 더위와 추위에 바로 노출될 수밖에 없었던 거야.

세계 어디든 평소와 다른 날씨 변화로 생명까지 위협을 받는 건 가난한 사람들이지만, 막상 기후 변화의 책임이 있는 건 부유한 사람들이야. 대부분 부유한 나라에서 온실가스를 배출하는 것처럼 부유한 나라에서도 부유한 사람들이 거의 모든 온실

가스를 배출하고 있어. 세계에서도 단 10%의 사람들이 전체 온실가스 중 50%를 배출하고, 우리나라에서도 10%의 사람들이 30% 이상을 배출해. 그렇다 보니 부유한 사람 10%만 평균적으로 온실가스를 배출해도 세계의 온실가스 배출량을 적어도 30%는 줄일 수 있다고 해.

이건 너무 불공평한 일 아닐까? 가난한 사람들은 기후 변화의 책임이 거의 없는데도 피해는 가장 심하게 받고 있잖아. 가난해서 부유한 사람보다 생활하는 데 좀 불편할 수는 있어도 생존까지 위협을 받는 건 좀 너무하잖아? 그럼 이런 불평등을 가져온 빈부 격차는 어떻게 해서 생긴 걸까? 빈부 격차가 생긴 이유를 좀 더 들여다보자.

어쩌다 길거리에서 자게 됐을까?

혹시 지하철역 안이나 공원에서 작은 텐트나 박스로 가림막을 쳐서 생활하는 노숙인을 본 적 있니? 노숙인은 말 그대로 우리가 흔히 집이라고 부르는 공간 외 다른 데에서 자는 사람을 말해.

사람들은 가끔 노숙인을 불편한 시선으로 바라봐. 냄새나고 더럽다며 피하거나 괜히 위험한 사람으로 취급하지. 어떤 어른들은 "게을러서 일도 안 하면서 남한테 민폐나 끼친다"며 비난하고 말이야. 하지만 노숙인은 우리가 흉볼 대상이 아니라 관심을 가져야 할 취약 계층이야. 집도 일자리도 없이 사는 데는 사회의 책임이 크거든.

우리나라에서 노숙인이 관심을 받기 시작한 건 1997년 외환 위기 이후야. 그전에는 노숙인 수가 적어서 눈에 띄지 않았거든. 그런데 외환 위기로 노숙인 수가 갑자기 늘어나니까 비로소 관심을 받게 된 거야. 물론 좋은 관심은 아니었지만.

그럼 왜 노숙을 하게 됐을까? 외환 위기 때 우리나라의 많은 기업이 무너졌어. 나라의 경제가 휘청거리니 큰 기업부터 작은 기업까지 망한 데가 넘쳐났지. 일자리를 잃은 사람들도 다시 일자리를 구하기가 힘들었어. 그러다 버티지 못하고 길거리로 나앉게 됐지.

그때와는 상황이 달라졌지만 지금도 마찬가지야. 경제 활동을 할 수 없는 등의 사정 때문에 노숙하는 사람들이 있어. 빈곤층이 얻을 수 있는 일자리는 임금이 낮은데 집값은 너무 비싸서 길거리에서 벗어나는 게 쉽지도 않지. 누구나 한번 망하더라도 다시 일어설 수 있는 기회를 줘야 하는데 그런 제도가 아직 제대로 갖추어져 있지 않아. 그래서 모든 걸 포기하는 사람도 생겨. 게을러서가 아니라 열심히 살아 보려고 해도 잘 안 되기 때문이야.

최근 갑작스런 한파가 찾아오는 등 밖에서 생활하는 사람들에게는 날씨도 너무 가혹해. 그 때문에 너무 추워서 동상에 걸리거나 목숨을 잃는 노숙인도 많아. 우리의 관심으로 벽을 세워 줄 필요가 있어.

미국은 잘사는 나라지만, 노숙인 수도 많아. 약 60만 명 정도나 되는데, 점점 증가하고 있대.

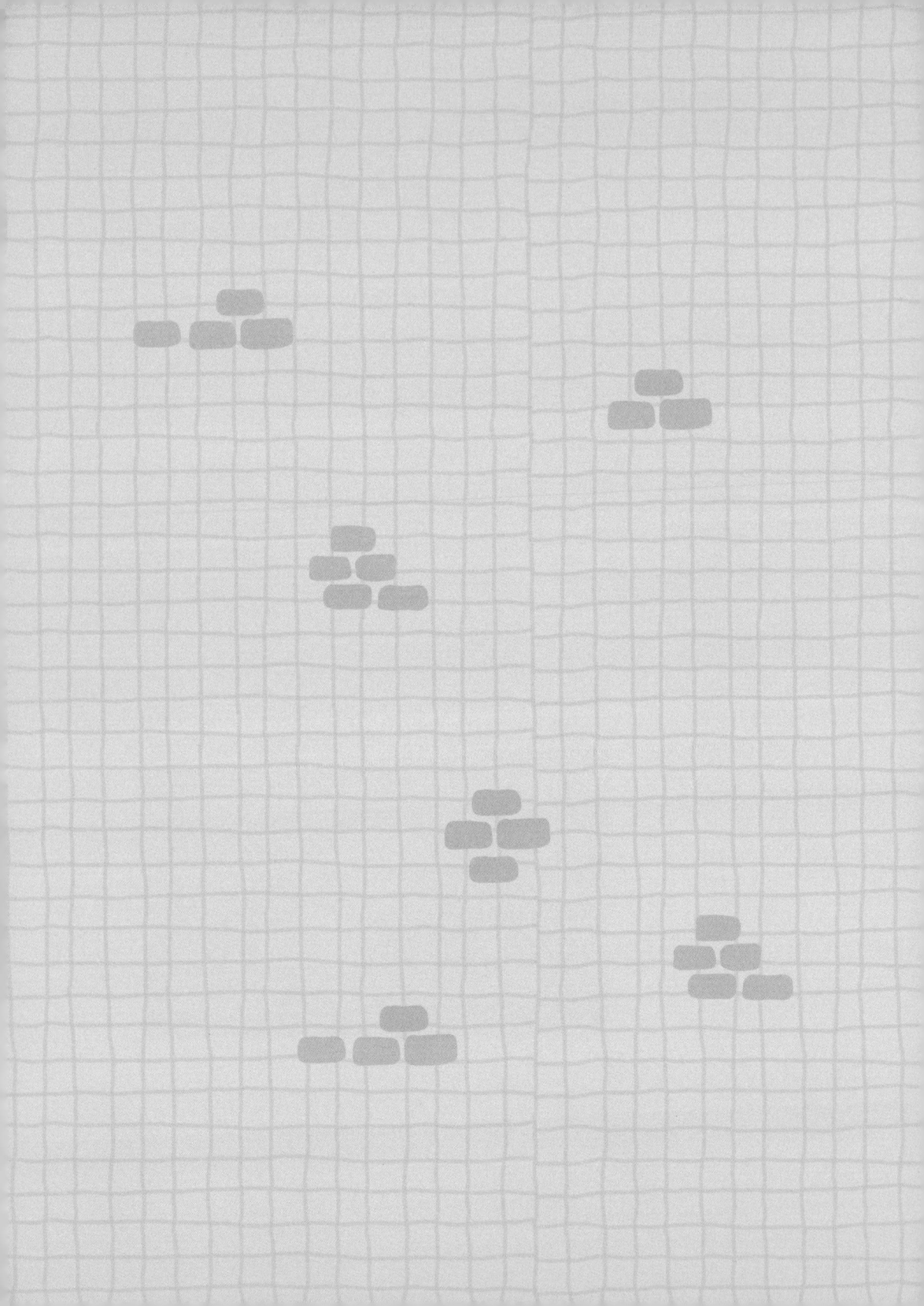

빈부 격차는 왜 생겼을까?

식민지의 아픔은 계속된다

 우리나라가 일본에 침략당해 식민 지배를 당했던 일제 강점기, 모두 알고 있지? 일본이 우리나라에서 권력을 휘두르고 사람들을 함부로 대하고 고통을 주었던 시기 말이야. 다행히 우리나라는 독립한 이후 그 시절의 아픔을 극복하며 부유한 나라가 되었지. 하지만 독립한 이후로도 식민지의 고통이 계속되는 나라도 많아.

 본격적으로 식민지가 생겼던 건 15세기 말부터야. 유럽의 강대국은 새로운 땅과 자원을 찾아 아프리카, 아메리카, 아시아까지 세력을 펼쳤지. 그러고는 힘없는 나라를 지배해 자원을 빼앗아 가고 사람들을 마음대로 부렸어. 자신들이 필요한 농작물을 키우게 한다든지 광산에서 일을 시켰지.

 그리고 빼앗아 간 자원을 바탕으로 산업 혁명이 일어났어. 산

업 혁명 후 모든 물건을 빠르게 생산할 수 있었기 때문에 유럽에는 더 많은 자원이 필요했지. 그래서 부유한 유럽의 나라들은 더 부유해지기 위해 식민지를 넓혔고 일할 사람을 찾기 위해 식민지에서 데려 온 사람을 노예로 부리는 일도 많았어. 특히 많은 아프리카의 흑인들이 아메리카 땅으로 끌려 가서 사탕수수, 목화 농장 등에서 일해야 했어.

식민지는 자원도 뺏기고 일할 사람도 사라지고 산업마저 망가져서 가난하게 살 수밖에 없었어. 인도는 한때 세계에서 면직물을 가장 잘 만들고 수출도 하는 나라였지만, 영국에 지배를 당하면서 면직물 산업이 쇠퇴하고 말았어.

영국은 인도에서 키운 목화솜을 거의 공짜로 빼앗거나 헐값에 사들였지. 인도 사람들은 억울했지만 영국의 지배를 받고 있는 상황이라 어쩔 수가 없었어. 그리고 영국은 인도에서 가져온 목화솜을 공장에서 면직물로 만들었고 인도에 도로 가져가서 팔았지. 기계로 만든 면직물이 인도의 장인들이 만든 면직물보다 싸서 인도 사람들은 영국의 면직물을 살 수밖에 없었어. 자연히 인도의 면직물 산업은 기울어져 갔지.

혹시 세계 지도를 보다가 아프리카 대륙이 이상하다고 생각한 적 없니? 다른 대륙의 국경선이 꼬불꼬불한 것과 달리 아프리카는 직선으로 되어 있는 곳이 많잖아. 이것도 식민 지배가 낳은 문제야.

한창 식민지를 놓고 다투던 유럽 강대국들이 여기는 너희가 지배하고, 저기는 우리가 지배하자며 아프리카 땅에 자로 재듯 선을 그어서 생긴 일이야. 아프리카에 오랫동안 살아왔던 사람들에 대한 이해 없이 자기들 편의대로 나라를 나누었으니 어땠겠어? 한 가족처럼 지내던 부족이 이 나라 국민, 저 나라 국민으로 떨어져 버리기도 하고, 서로 원수처럼 지내던 부족이 같은 나라 국민이 되는 일도 생겼지. 오랜 시간 뒤에 강대국들은 식민지에서 철수해 모든 나라들이 독립을 했지만 식민 지배 받던 영향은 그대로 남아 한 나라 안에서도 싸움이 끊이질 않았어. 함께 잘살려고 노력해도 모자랄 판에 다투고만 있으니 부유해질 수가 없겠지?

아프리카의 아름다운 나라 르완다는 식민지 시절 벨기에의 지배를 받았어. 르완다에는 오랜 시절 투치족과 후투족 등의 부족이 함께 살아왔대. 두 부족은 함께한 세월이 길어 누가 투치족이고 누가 후투족인지 알 수 없을 정도로 비슷하게 변했어. 그런데 벨기에의 지배층이 르완다인을 편하게 통치하기 위해 두 부족을 구분하기 시작했지. 물론 제대로 구분하는 것이 어렵자 막무가내로 나눴어. 좀 더 부유한 사람은 투치족이라 하고, 그렇지 않은 사람은 후투족이라 하면서 인종 신분증까지 만들었지. 그리고 벨기에의 지배층은 투치족으로 하여금 후투족을 지배하고 차별하게끔 했어. 당연히 후투족은 화가 났겠지? 안타깝게도 후투족의 분노는 벨기에를 향한 게 아니라 투치족을 향하고 있었지.

마침내 벨기에의 식민 지배가 끝나고 르완다는 독립을 하게 되었어. 그때부터 큰일이 발생할 조짐이 보이기 시작했지. 투치족보다 수가 훨씬 많은 후투족이 새로운 지배층이 되었고, 점차 투치족을 괴롭혔어. 그러다 1994년 후투족이 무자비하게 투치족을 학살하는 사건이 발생해. 르완다 대학살이라고도 부르는 이 사건으로 3개월 동안 무려 100만 명 정도가 목숨을 잃었어. 식민 지배가 불러일으킨 엄청난 사건이었지.

지금 르완다는 새 정부가 들어서서 평화롭지만, 여전히 다툼이 끊이질 않는 아프리카의 나라들이 많아. 식민지 시절 강대국의 편에 섰던 사람들이 독립 이후에도 부패한 정치인이나 기업가가 되는 경우도 많고. 강대국들이 점점 부유해지고 있는 이 순간에도 그들 때문에 아픔을 이어 가고 있는 많은 나라가 있음을 잊지 말아야 해.

세계화 뒤에 숨은 불평등

 우리는 세계가 전부 연결되어 있는 시대를 살고 있어. 그 덕분에 미국이나 브라질에서 생산한 오렌지를 먹을 수 있고, 아프리카나 남아메리카에서 재배된 커피를 마실 수도 있고, 유럽에서 만든 자동차를 탈 수도 있지. 우리나라 기업이 다른 나라에 공장을 세우는 것도, 우리나라 아이돌이 지구 반대편에서 공연을 하는 것도 세계가 이어져 있기 때문이야.

 그런데 세계화 뒤엔 어두운 그늘도 있어. 여러 나라에 공장과 판매 회사를 가지고 전 세계에 제품을 파는 거대 기업을 다국적 기업이라고 하는데, 세계에서 유명한 다국적 기업은 대부분 가난한 나라에 공장을 세우고 있어. 가난한 나라의 노동자들의 임금이 저렴하기 때문이지. 문제는 다국적 기업에서 제대로 대가를 지불하지도 않으면서 오랜 시간 일을 시킨다는 거야.

산업이 발전하지 않은 가난한 나라에서는 일거리가 없으니 다들 다국적 기업에서 일을 할 수밖에 없어. 다국적 기업에서는 이를 이용해 싼값에 제품을 만들고 부유한 나라의 사람들에게 제품을 팔아 이익을 많이 남기고 있지.

2013년 방글라데시에서 다국적 기업과 계약된 의류 공장이 있는 한 건물이 붕괴된 적이 있어. 이미 전날 붕괴될 조짐이 있

 2013년 방글라데시의 라나 플라자가 붕괴된 모습이야. 부실하게 지어진 건물 안에 의류 공장이 다섯 개나 있었대.

었지만 공장 주인은 노동자들에게 계속 일을 시켰대. 결국 건물은 무너졌고, 1100명이나 되는 사람들이 목숨을 잃었어. 가난한 나라의 사람들은 안전하지 못한 환경에서 일을 하고 있고, 우린 그들이 만든 옷을 싸게 사 입고 있던 거지.

식민 지배를 받았던 나라들은 식민지 시절에 키웠던 농작물을 그대로 생산하는 경우가 많아. 식량도 부족한 나라가 대부분이지만 식량 생산이 아닌, 과거 지배했던 나라에서 가져갔던 초콜릿의 원료인 카카오나 커피 원두 등을 재배하고 있지. 땅을 일궈 새로운 작물을 키울 여력이 없는 거야. 그리고 이들이 생산하는 농작물은 전부 다국적 기업과 연결되어 있어.

아프리카의 코트디부아르는 세계에서 카카오를 가장 많이 생산하는 나라 중 하나야. 카카오 농장은 다국적 기업과 계약이 되어 있는데, 아주 싼값에 카카오를 수출해. 국내에서 소비되지 않는 농작물이니 어쩔 수 없이 다국적 기업과 계약할 수밖에 없는 거야. 너희들이 사 먹는 초콜릿이 1000원이라면, 초콜릿 제조 회사에서 410원을 가져가고 농부들에게 돌아가는 건 70원뿐이래. 70원을 또 농부들끼리 나누다 보면 얼마나 적은 돈을 받고 일하는지 짐작이 가니?

과거에는 부유한 나라가 가난한 나라를 지배했다면, 지금은 부유한 기업이 가난한 나라를 지배하고 있는 셈이야.

가난한 나라가 경제 발전을 하려면 자신들만의 산업을 발전시켜야 해. 하지만 다국적 기업이 가난한 나라의 산업을 다 지배하고 있고, 부유한 나라는 이를 방관하고만 있어. 아니 오히려 다국적 기업이 더 큰 이익을 남길 수 있도록 도와주고 있지. 공평한 듯 공평하지 않은 자유 경쟁을 통해서 말이야.

자유롭게 경쟁하는 것은 공평한 걸까?

자유롭게 경쟁하라고 하면 어떤 생각이 들어? 친구들과 누가 빠른지 달리기 시합을 하거나 어느 팀이 더 골을 많이 넣는지 축구 시합을 하는 게 떠오르지 않니? 더 빠르거나 실력이 좋은 팀이 이기는 거니 공평해 보이지?

킥킥!
같은 선에서 출발하니 얼마나 공평해!

하지만 만약 너희들보다 훨씬 큰 고등학생과 시합을 하라고 하면 어때? 그건 너무 불공평한 것 같지 않아? 그런 일이 벌어지지 않으려면 비슷한 사람끼리 경쟁할 수 있도록 누군가 규칙을 만들거나 보호해 주어야 하지.

세계의 경제 활동도 마찬가지야. 산업이 발전하지 않은 가난한 나라의 작은 기업에게 돈도 많고 기술도 좋은 부유한 나라의 큰 기업과 자유롭게 경쟁하라고 하면 어떻겠어? 작은 기업은 큰 기업에 상대가 될까?

원래 가난한 나라는 자기 나라의 산업 발전을 위해 보호 정책을 시행했어. 가령 자기 나라의 TV 만드는 기업을 보호하기 위해 외국에서 수입되는 TV에 세금을 세게 붙여 값을 비싸게 만드는 거야. 그럼 국민들은 외국의 TV가 훨씬 좋더라도 값이 싼 자기 나라의 TV를 살 테니까. 이렇게 자기 나라의 산업을 발전시킨 뒤 차츰 세금을 줄여 자유롭게 경쟁하도록 만드는 거지. 지금의 부유한 나라들도 대부분 이런 방식으로 발전해 왔어.

그런데 부유한 나라들이 가난한 나라에 돈을 빌려 주는 걸 빌미로 기업끼리 경쟁하도록 정부는 나서지 말라고 했어. 가난한 나라는 어쩔 수 없이 외국 기업의 제품에 세금을 붙일 수가 없었지. 당연히 가난한 나라의 기업은 점점 망해 갔고 그 자리를 다국적 기업이 파고들어 많은 이익을 남겼어. 이건 20세기 후반에 걸쳐 벌어진 신자유주의 정책으로 인해 생긴 일이야.

나라와 나라 간뿐만 아니라 나라 안에서 국민들에게 강요하는 자유 경쟁도 문제야. 이제 막 이익을 남기는 작은 기업이 대기업과 경쟁하면 이길 수 있을까? 작은 기업은 정부에서 보호해 줄 필요가 있지. 기업 간 경쟁에 별다른 간섭을 하지 않는 정책이 펼쳐지면 작은 기업은 살아남기가 어렵거든. 가령 대기업이 과거에는 자동차 산업, 토목, 건축 등 대규모의 돈과 노동력이 필요한 일만 했다면 지금은 빵집, 떡볶이 가게 같은 자영업자들이 하던 일까지 손을 뻗어 버렸어. 작은 가게를 운영하는 사람은 경쟁에서 이기기 어려울 수밖에 없지.

또 사업을 시작할 때도 부유한 사람과 가난한 사람은 조건이 달라. 부유한 사람은 많은 돈을 들여 사업을 시작했다가 망하더라도 다시 살아날 기회가 있지만, 가난한 사람은 한번 무너지면 다시 일어서기가 어려워. 그렇다 보니 부유한 사람은 위험 부담이 있더라도 경제적으로 이득을 많이 남길 수 있는 일을 맘껏 하는데, 가난한 사람은 그렇지 못해서 빈부 격차가 심해지지.

우리에게 가장 중요한 가치 중 하나인 '자유'라는 말이 붙으면 뭐든 좋은 말처럼 느껴져. 하지만 정말 자유를 느낄 수 있는 사람은 우리 주변에서 흔하게 볼 수 없어. 빈부의 벽이 자유라는 말도 가로막고 있기 때문이야. 부유한 사람만 자유롭게 행동하고 가난한 사람은 그렇지 못한 사회라면, 자유라는 가치도 다시금 생각해 봐야 하지 않을까?

부모의 부가 이어져 온다고?

비록 가난한 집안에서 태어났다고 해도 열심히 살다 보면 부자가 될 수 있지 않을까? 너희 할아버지, 할머니 때만 하더라도 그런 일은 종종 볼 수 있었어. 어릴 때는 밥 한 끼 배불리 먹지 못하며 살아가다가 나중에 열심히 일한 덕분에 넉넉한 생활을 할 수 있었지.

그런데 요즘은 아무리 노력해도 가난에서 벗어나지 못하는 경우가 많대. 부모가 부유하면 큰 노력 없어도 부유하게 사는 반면 부모가 가난하면 누구보다 열심히 일해도 여유롭게 살지 못하는 거야.

가난한 사람 입장에서는 너무 억울한 일 아닐까? 왜 이런 일이 벌어진 걸까?

우선 재산을 얼마나 갖고 시작하냐가 달라. 2020년에 부모의 집에서 독립한, 이제 막 일을 시작한 나이인 20~30대의 재산을 조사해 봤대. 그랬더니 상위 20%는 평균 8억 7천 만 원, 하위 20%는 평균 2500만 원으로 재산 차이가 서른다섯 배나 나더래. 그것도 상위 20%는 전해에 비해 7000만 원이나 증가했는데 하위 20%는 64만 원 증가하는 데 그쳤고. 매해 재산의 차이가 더 벌어지고 있는 거지.

부유한 부모가 있는 사람은 많은 재산을 물려받고, 가난한 부모가 있는 사람은 물려받을 재산이 없기 때문에 차이가 나는 거야. 그리고 그 차이가 너무 커서 가난한 사람들은 일해서 번 돈만으로는 부유한 사람을 따라잡을 수가 없어.

재산 많은 부모가 자녀에게 물려주는 건 당연한 거 아니냐고? 맞아. 자기 재산을 물려주는 건 자유니 뭐라 할 수는 없지. 하지만 더 큰 문제가 있어.

한 연구 결과에 따르면, 부모의 소득이 높을수록 자녀도 소득이 높다고 해. 이 말은 부유한 부모를 가진 사람이 소득이 높은 직업을 갖게 된다는 거야.

한번 생각해 볼까? 사람들이 원하는 좋은 일자리는 다 비슷해. 임금이 높거나 안정적이고, 위험하지 않은 일을 원하지. 근데 빈곤층 사람보다 부유층 사람들이 좋은 일자리를 얻는 경우가 많으면 어떨까? 처음 갖고 있는 재산도 차이가 큰데, 일자리에서마저 차이가 생기면 빈부 격차는 더 심해질 거야.

한때 우리나라에서 공무원이 인기가 많았어. 임금은 좀 적어도 매우 안정적인 직업이니까. 공무원이 되려면 시험에 통과해야 하고, 아주 긴 시간 공부를 해야 해. 하지만 공부를 하는 데도 돈이 들어. 교재도 사야 하고 학원비에 공부하는 동안 먹고 살 생활비도 필요하지. 만약 한 친구는 부모의 도움으로 돈 걱정 없이 좋은 환경에서 공부를 하고, 다른 친구는 도움받을 곳도 없어 아르바이트를 하면서 공부를 한다면 누가 좋은 성적을 받겠어?

공무원뿐만 아니라 대기업처럼 많은 사람이 지원하는 기업에 들어가려면 취업 준비 기간이 필요해. 공부, 면접 준비도 하고, 스펙도 쌓아야 하지. 필요하면 외국에 나가서 어학 연수를 받기도 하고 말이야. 이때도 취업 준비에만 몰두할 수 있는 사람과 일과 취업 준비를 함께 해야 하는 사람은 결과에 차이가 있을 수밖에 없어.

누구나 먹고살 궁리 때문에 근심 걱정하며 살고 싶지는 않을 거야. 그건 남들보다 가난한 사람들도 마찬가지지. 그런데 가난한 부모 밑에서 자란 사람에게는 풍족하게 살아갈 기회를 얻는 것조차 어려워. 적어도 기회는 누구에게나 공평하게 주어져야 하는 거 아닐까?

축제를 위해 사라진 빈민촌

 올림픽은 세계인의 축제야. 행사 기간이면 전 세계 사람들의 관심이 쏠리지. 정치적 이념, 종교 등을 떠나 오직 실력으로 겨루는 스포츠 경기는 평화의 상징이 되기도 해. 너희도 우리나라 선수를 응원하며 집 안에서 소리친 적 있지? 경기에서 이기거나 진 선수가 눈물을 흘리는 모습을 보면 나도 모르게 울컥하면서 말이야.

 한편 올림픽은 개최하는 나라, 도시의 시민들에게도 신나는 축제야. 스포츠를 보기 위해 수많은 외국인이 방문해서 왁자지껄하거든. 세계에서 잘 알려지지 않은 도시가 이 기회에 많은 관심을 끌기도 하고, 우리 도시를 방문한 외국인 덕분에 경제가 활성화되기를 기대할 수도 있지. 우리나라도 1988년에 서울 올림픽을 개최했는데, 그때까지도 서울을 모르던 많은 사람에게 서울이 어떤 도시인지 알려 줄 수 있었어. 그 이후 서울로 관광 오는 사람도 늘었고.

하지만 화려한 축제 뒤에 고통을 받아야만 했던 사람들도 있었어. 올림픽을 개최하면 많은 경기장과 사람들이 묵을 호텔 등이 필요해. 이미 많은 관중을 수용할 수 있는 경기장이 있다면 경기장을 수리하거나 조금 넓히는 공사 등을 진행하면 되지만, 대부분 개최 도시는 시설이 부족해 경기장과 숙소 등을 새로 짓고 도로를 까는 등 몇 년 동안 큰 공사를 해. 그럼 새로운 건물이 들어설 공간이 필요하겠지? 그런데 도시에는 이미 사람들 사는 공간으로 빽빽해 자리가 없어. 또 개최 도시는 전 세계 사람들에게 깨끗하고 화려한 도시의 이미지를 드러내고 싶어 해. 특히 가난했던 나라의 경우 지금은 예전과 달리 잘살고 있다는 걸 보여 주고 싶어 하지.

이 때문에 올림픽을 준비하는 기간만 되면 도시의 빈민촌이 강제로 철거되곤 해. 나라에서는 빈민촌을 철거하고 그 자리에 새 경기장뿐 아니라 고급 주택, 고층 빌딩 등을 지어 세계 모든 사람에게 잘사는 도시라는 인상을 남기려고 하는 거야.

2016년 브라질 리우 올림픽 개최를 위해서 빈민촌 120여 개가 철거됐고, 2008년 중국 베이징 올림픽을 위해선 150만여 명이 강제로 집에서 쫓겨났다고 해. 쫓겨난 사람들은 얼마 되지 않은 이주비를 받거나 도시 외곽에 있는 또 다른 빈민촌으로 이동해야만 했지.

올림픽은 빈민촌에 사는 사람 말고도 도시에 있는 저소득층에게도 영향을 끼쳤어. 2012년 영국 런던 올림픽에서는 빈민촌이 철거되지는 않았지만, 집값이 너무 올라 임대료를 내고 살던 많은 저소득층이 살던 집에서 나가야 했대.

우리나라라고 해서 다르지 않아. 우리나라는 쪽방촌 이전에 가난한 사람들이 모여 사는 판자촌이 많았어. 허술하게 지은 집들이 산비탈이나 언덕 위에 옹기종기 모여 있었지. 그런데 서울 올림픽을 위해 서울 곳곳에서 재개발을 진행하며 대다수의 판자촌이 철거됐어. 누구든 자기 집에서 나가라고 하면 크게 항의를 하지 않을까? 그때 빈민촌에서 강제 철거에 저항해 싸우는 과정에서 열네 명이나 죽었다고 해. 그중에는 초등학교 2학년 어린이도 있었어. 결국 올림픽 때문에 서울 빈민촌에서 쫓겨나야 했던 사람은 무려 72만 명이었어.

올림픽처럼 월드컵이 열릴 때도 가난한 사람들은 고통을 받

아. 2022년 카타르 월드컵 때는 경기장 등 건물을 짓는 데 가난한 이주 노동자들이 건설 현장에서 일을 했어. 그리고 그 과정에서 7000명 가까이 목숨을 잃었다고 해. 일을 해야만 먹고살 수 있는 가난한 노동자들에게 별다른 안정 장치도 없이 일을 시켰기 때문이야. 월드컵을 제대로 개최하려면 빨리 새 경기장을 지어야 하니 노동자들은 오랜 시간 일을 할 수밖에 없었대.

올림픽이나 월드컵을 개최하는 나라나 도시에 사는 사람들은 큰 행사 덕분에 경제가 활발해지고 좀 더 풍족하게 살 수 있기를 기대해. 하지만 막상 개최로 이득을 보는 건 이미 부유한 사람들이라고 해. 행사를 위해 지역이 개발되면서 땅값 상승으로 이득을 보기도 하고, 거대 기업은 여러 시설을 지으면서 많은 이익을 남기지. 행사가 끝난 뒤에는 나 몰라라 하면서 말이야. 정말 누구를 위한 축제인지를 모르겠어.

올림픽을 상징하는 다섯 개의 고리는 세계의 평화와 협력을 뜻한다고 해. 하지만 평화와 협력이 모두에게 의미 있는 건 아닌 거 같아.

    올림픽이 끝난 뒤에 남은 시설은 관광지가 되거나 일반 시민을 위한 공간이 될 것 같지만 실제로는 방치되는 경우가 많아. 그래서 여러 시설을 관리하느라 지역의 세금만 낭비하게 되고 지역 경제에는 전혀 도움이 안 돼. 이 때문에 최근에는 올림픽과 같은 행사를 추진하려고 하면 반대하는 시민들이 생겼지.

신자유주의는 누구를 위한 걸까?

신자유주의는 정부가 경제 분야에 개입하는 걸 최소화하고 기업과 나라 간에 자유로운 경쟁을 강화하려는 사상을 말해.

신자유주의 이전까지는 정부가 경제 분야에 많은 관여를 했어. 기업 간 경쟁에서 작은 기업이 쉽게 무너지지 않도록 큰 기업을 규제하고, 자기 나라의 기업을 보호하기 위해 외국 물품에 세금을 비싸게 매겼지. 노동자를 보호하는 정책도 만들었고. 하지만 문제도 있었어. 규제가 심하면 기업이 경제 활동을 열심히 하지 않는 거야. 그 때문에 경제가 활발히 돌아가지 않자 20세기 후반에 신자유주의가 등장했어.

신자유주의 정책으로 기업 간 경쟁은 치열해졌어. 덕분에 부유한 나

라들은 어느 정도 성과를 보였지. 경제가 성장하고 다국적 기업은 더욱 더 커졌거든. 하지만 부유한 나라가 잘살게 되는 동안 가난한 나라의 경제는 더 악화됐어. 부유한 나라들이 가난한 나라에도 자유롭게 경쟁하자고 강요했으니까. 경쟁에서 밀린 작은 기업들은 망하거나 큰 기업에 끌려다니는 신세가 되어 버렸지. 일자리도 불안정해서 노동자들은 언제나 경쟁하고 또 경쟁해야만 했어.

우리나라에 신자유주의가 본격적으로 들어온 것은 외환 위기 때부터야. 외환 위기로 경제가 휘청댔지만 우리나라는 결국 극복했어. 경쟁력을 갖춘 기업이 많이 생겼고, 경제 성장도 크게 이루었지. 하지만 치열한 경쟁에서 살아남지 못하는 기업이나 사람들도 많아졌어. 우리나라는 일자리가 안정적인 편이었는데 이때부터 비정규직이 크게 늘고 불안정한 일자리가 많아졌지. 빈부 격차는 더 심해지고 말이야.

우리나라는 아직도 경제 분야에서 신자유주의 정책이 많은 부분을 차지하고 있지만, 세계의 큰 흐름은 또 바뀌고 있어. 신자유주의 정책으로 세계 경제가 2008년에 크게 휘청거린 적이 있거든. 다시 정부가 경제 분야에 관여해야 한다는 목소리가 커지고 있지.

여전히 신자유주의가 남긴 상처는 곳곳에 있어. 경쟁에서 이긴 사람들만 이득을 보는 동안 가난하고 힘없는 사람들은 더 갈 곳이 없어졌으니까. 지금이라도 소외된 사람들을 돌볼 필요가 있어.

빈부 격차, 줄일 수 있을까?

모두가 부유한 생활은 불가능해

지금까지 빈부 격차의 문제를 보면서 어땠어? 뭐가 문제인지, 여전히 나하고는 상관없이 머나먼 곳의 이야기라고만 생각하고 있는 건 아니겠지? 빈부 격차가 심한 사회에서는 불평등한 일을 겪는 사람이 많아. 어쩌면 너희 옆에 있는 친구가 불평등한 일을 겪고 있을 수도 있고.

정말 나하곤 상관없는 일인지도 잘 따져 봐야 해. 지금은 아무 문제가 없을지라도 너희들이 어른이 되어 경제 활동을 시작할 때 엄청난 불평등을 겪을 수 있지. 빈부 격차가 심한 사회는 소수의 부자와 대다수의 가난한 사람이 구성하고 있거든. 부유하지도 가난하지도 않은 중간 계층이 점점 사라지고 있다는 이야기야. 그리고 무엇보다 불평등을 보고도 눈감는 건 정의롭지 못하잖아?

그럼 이제 빈부 격차를 줄일 수 있는 방법은 없는지 다 같이 고민해 보는 건 어때? 먼저 내가 한 가지 아이디어를 내 볼게. 빈부 격차가 없도록 모두를 부유하게 만들면 되지 않을까? 어때? 너무 괜찮은 생각이지?

부유해지려면 돈이 필요하니 우선 돈을 많이 만드는 방법을 생각해 보자.

돈을 만드는 건 간단해. 정부의 은행에서 종이에다가 찍어 내면 되니까. 돈을 마구마구 만들어서 모든 사람에게 나눠 주는 거야. 그럼 모두 돈을 넉넉히 갖게 될 테니 가난한 사람은 없지 않겠어?

그런데 정말 그랬다가는 큰일 나. 돈은 사실 무늬가 찍힌 종이가 아니야. 얼마큼의 가치가 있다는 사람들의 믿음이지. 사람들 사이에 돈이 너무 많으면 돈의 가치는 떨어져. 그 때문에 물가는 엄청 오르고. 몇백 만 원이 있어도 쌀 한 톨 못 사는 지경에 이를 수도 있지. 이렇게 나라에 돈이 많이 돌아서 물가가 오르는 걸 경제 용어로 인플레이션이라고 해.

실제로 경제 위기로 돈을 많이 찍었다가 더 큰 경제 위기를 맞이한 경우도 있어. 1차 세계 대전 뒤의 독일이 그랬고, 최근에

베네수엘라가 그랬지. 물가가 수백 배나 올라서 사람들은 돈을 믿지 않게 되었어. 돈을 정말 휴지처럼 사용했다고도 해. 경제가 더 어려워져서 가난한 사람들은 굶주리게 되고 말이야.

좋아. 돈을 만드는 방법은 안 되겠어. 다른 방법을 생각해 보자. 사람들에게 돈이 필요한 이유는 식량이나 물건 등을 사기 위해서잖아? 그럼 물건을 엄청나게 만들면 어떨까? 유럽이 부유해진 것도 산업 혁명 이후에 대량 생산이 가능했기 때문이거든. 물건을 엄청나게 만들면 저절로 값도 싸질 테니까 가난한 사람도 풍요롭게 살아갈 수 있지 않을까?

하지만 이것도 좋은 생각은 아니야. 앞에서도 이야기했지만 우리가 쓰는 모든 물건은 지구의 자원에서 비롯된 거잖아? 전 세계 모든 사람들이 넉넉하게 쓸 물건을 만들어 낸다면 지구가 견디지 못해. 미국의 로스앤젤레스나 우리나라의 서울은 에너비, 상품 등의 소비량이 많은 도시 중 하나야. 만약 세계 모든 도시가 이처럼 많은 소비를 한다면 어떨까? 지구가 다섯 개는 필요하대.

너희들 집에는 자동차가 있니? 우리나라는 국민 두 명 중 한 명은 자동차를 갖고 있다고 해. 한 가족마다 한 대 이상씩 갖고

있는 셈이야. 만약 전 세계 모든 가족이 자동차를 한 대씩 갖는다면 어떨까? 지구가 품고 있는 석유는 수개 월 만에 사라질 거라고 해. 모든 집에 전기 자동차가 있다고 해도 마찬가지야. 그렇게 되면 지금보다 수백, 수천 배는 전기 생산량이 늘어야 하니까.

어때? 모두가 부유한 생활은 불가능해 보이지 않아? 누군가는 과학 기술이 발달하면 해결할 수 있다고 이야기해. 하지만 세계의 역사에서 과학 기술의 발달로 이득을 본 건 대부분 부유한 사람들이야. 사람들 대신 일을 하는 최첨단 로봇이 개발된다 해도 로봇을 살 수 있는 건 부유한 사람들뿐이잖아.

그렇다고 빈부 격차는 해결할 수 없는 문제라고 좌절할 필요는 없어. 모두가 부유하게 살 수는 없지만 모두가 적당히 풍요롭게 사는 건 가능할 테니까. 우리가 그걸 위해 노력을 해야 하는 거고.

경제가 성장하면 빈부 격차는 사라질까?

혹시 파이 좋아해? 애플파이, 호두 파이처럼 달콤하고 맛있는 과자 말이야. 파이는 보통 둥그렇게 만들어서 여러 조각으로 잘라서 나누어 먹지. 이 때문에 경제 성장과 분배를 이야기할 때 파이를 자주 인용해. 경제를 성장시켜서 생산과 소비가 증가하는 걸 두고 '파이를 키운다, 파이를 넓힌다'라고 하지.

파이를 키우고 나누는 문제는 수십 년간 경제 전문가 사이에서 논쟁거리였어. 빈부 격차로 인한 불평등을 해소하기 위해 어떤 전문가는 파이를 더 키워서 나누면 된다고 해. 파이가 큰 만큼 작은 조각을 가져가는 사람의 몫도 그만큼 커질 것이라는 거지. 하지만 반대편에서는 파이가 커도 큰 조각만 커질 뿐 작은 조각은 더 잘게 쪼개진다고 해. 파이가 커진 만큼 부유한 사람의 몫만 늘어나고, 가난한 사람의 몫은 전혀 늘지 않을 거라는 거지.

너희들은 어떻게 생각해? 어떤 방법이 더 나은 거 같아?

물론 파이를 키우는 건 중요해. 우리나라의 예만 봐도 파이의 크기가 작았을 때는 문제가 많았거든. 우리나라는 전 세계에서도 보기 드물게 빠른 시기에 경제 성장을 이룬 나라야. 몇십 년 전만 해도 세계에서 가장 가난한 나라 중 하나여서 절대적 빈곤층이 가득했지. 파이가 너무 작으면 아무리 제대로 나누더라도 자기 몫을 챙기지 못하는 사람이 많은 거야. 하지만 경제 성장으로 파이가 커진 만큼 절대적 빈곤층은 크게 줄었어.

뉴스에서 "올해 국내 총생산(GDP) 몇 % 증가"와 같은 말을 들어 본 적 있니? 국내 총생산은 나라 안 모든 구성원이 1년간 경제 활동으로 벌어들인 가치를 금액으로 표현한 거야. 보통 경제 성장률을 따질 때 국내 총생산이 기준이 돼. 그리고 국내 총생산이 높을수록 부유한 나라나 경제 대국으로 평가하지.

그럼 국내 총생산이 늘어나면, 즉 경제 성장을 하게 되면 모두가 잘살게 되는 걸까? 이 점에 대해서 프랑스의 철학자 앙드레 고르츠는 『에콜로지카』라는 책에서 재밌는 비유를 들었어. 너희들도 한번 그의 이야기를 들어 보면 좋겠어.

"어떤 마을에서 우물을 팠고, 덕분에 마을 주민 전체가 그곳에서 물을 길을 수 있게 되었다고 칩시다. 이 우물물은 공동의 재산이며 우물은 공동 노동의 산물이죠. 우물은 마을에 보다 큰 부를 안겨 줄 원천인 셈입니다. 하지만 그렇다고 국내 총생산이 증가하는 것은 아닙니다. 왜냐하면 이로 인해 화폐 교환이 발생하지 않기 때문입니다. 구매와 판매가 전혀 일어나지 않는다는 소리죠. 하지만 어떤 사기업이 우물을 파서 점유한 뒤 마을 주민에게 돈을 내고 물을 사 가라고 요구한다면, 우물 소유주가 주민에게서 받는 사용료로 인해 국내 총생산이 증가하게 됩니다."

무슨 말인지 이해가 되니? 마을 주민이 우물물을 공짜로 사용할 때는 전혀 경제 성장이 이루어지지 않아. 그런데 누군가 우물을 소유한 뒤에 우물물을 판다면, 즉 마을 주민이 돈을 주고 우물물을 사용할 때는 경제가 성장한다는 소리야.

어때? 경제가 성장할 때보다 공짜로 우물물을 쓸 때가 마을 주민 입장에서는 행복하지 않을까? 더 풍요로운 생활을 할 수 있고 말이야.

지금까지 부유한 나라는 대부분 경제 성장을 우선하는 방식

으로 경제 정책을 펼쳐 왔어. 하지만 아무리 경제가 성장해도 빈부 격차가 줄어들지 않자 분배를 중시하는 나라도 생겼지.

문제는 분배야. 파이가 너무 작을 때는 파이를 키울 수밖에 없겠지만, 누구든 배불리 먹을 정도로 파이가 커졌다면 어떻게, 얼마나 나누는가가 중요해. 게다가 지구 자원도 한계가 있으니 무한정 경제 성장하는 것도 불가능하잖아?

과거 전 세계가 함께 경제 성장할 수 있었던 건 그만큼 과학 기술이 발달해 지구의 자원을 효과적으로 쓸 수 있었기 때문이야. 지구의 자원도 넉넉했고. 하지만 지금은 지구의 자원에도 한계가 오기 시작했어. 우리가 너무 빠르게 소비해서 지구의 자원이 급속도로 줄어들었지.

이제 전 세계 경제가 다 같이 성장하는 상황이 아니라면, 세계 경제 구조에서는 누군가 더 많이 갖는다는 건 다른 사람의 몫을 빼앗는다는 거야. 우리나라가 부유해지는 만큼 어디선가 가난한 나라가 생길 수밖에 없지. 내가 돈을 많이 번다면 누군가는 얼마 벌지 못하는 것이기도 하고.

그럼 돈을 벌지 말라는 거냐고? 아니, 내가 아무리 벽이라도 그런 것까지 막을 수는 없지. 다만 나중에 어른이 되어 돈을 많이 버는 부유한 사람이 되더라도 그건 내가 잘나서가 아니라 우리 사회와 다른 사람들에게 빚을 지고 있는 거라고만 생각하면 좋겠어.

성장 말고 줄이는 발전도 있대!

경제 발전, 과학 발전, 기술 발전처럼 '발전'이라는 말을 들으면 어떤 생각이 들어? 경제는 죽 성장하고 더 빠르고 정밀한 최첨단 기계가 등장할 것만 같니? 하지만 발전이란 말은 '더 나은 상태로 나아감'을 뜻해. 꼭 더 커지고 빠르고 강한 게 더 낫다고만은 할 수 없잖아?

지금껏 경제 성장을 중요하게 생각했던 사람들은 경제 성장을 곧 경제 발전이라고 말해 왔어. 하지만 성장이 꼭 발전하는 건 아니니까 최근에는 성장을 하지 않는 것, 즉 제로 성장, 그리고 줄이는 발전을 해야 한다는 전문가들도 있어.

줄이는 발전이 무슨 말이냐고? 우선 소비를 줄이는 거야. 부유한 나라, 부유한 사람들이 너무 많이 쓰고 있는 에너지, 상품, 식량 등의 소비를 줄이자는 거지. 우리는 너무도 많은 전기 에너지를 쓰고 있어. 또 필요 이상으로 상품을 사고 식량을 먹어. 그 때문에 지구 자원은 빠르게 고갈되고 있고, 남는 걸 버리는 바람에 환경도 오염되고 가난한 나라에 부담을 안기지.

다음으로 줄일 건 생산이야. 지금의 경제 구조에서 경제 성장은 대량 생산, 대량 소비로 이루어져. 매년 경제 성장을 해야 한다면 쓸모없는 물건이라도 만들어서 광고를 하든지 팔아야만 해. 생산을 줄이자는 건 모든 생산 과정을 없애자는 게 아니라 진짜 필요한 것만 생산하자는 말이야.

생산과 소비가 줄면 어떤 일이 벌어질까? 그러다 나라가 망하는 건 아니냐고? 아니, 오히려 행복한 시간이 늘지도 몰라. 물건을 만들고 물건을 사는 시간, 즉 경제 활동에 사용하는 시간도 줄어들 거야. 어른들을 보면 어때? 매일 너무 바쁘다고 하지 않아? 생산과 소비가 줄어 일하는 시간도 줄어든다면 좀 더 생활에 여유가 생겨. 너희들과 공원에 나가서 뛰어노는 시간이나 문화 활동에 쓰는 시간은 늘어날 테고. 경제 활동은 줄이는 대신 그 외의 가치 있는 일을 늘려 가는 거지.

결국 줄이는 발전은 의미 없는 일, 세계를 망치는 일, 돈 말고 다른 건 아무 가치가 없다는 생각을 조금씩 줄이면서 더 나은 사회를 만들어 보자는 거야.

또 부유한 나라에서 생산과 소비를 줄이면 가난한 나라에서는 성장할 수 있는 기회가 마련돼. 성장에 몫매어 가난한 나라의 자원과 인력 등을 빼앗지 않아도 되니까 말이야. 물론 가난한 나라는 너무 성장할 토대가 없어 부유한 나라에서 도와줄 필요는 있지.

최근 SNS에서는 엄청 비싼 물건을 샀다고 자랑하는 모습을 많이 볼 수 있어. 그걸 보면서 다른 사람들도 소비 욕구가 생기곤 하지. 하지만 그런 모습을 보다 보면, 나도 모르게 온몸이 부들부들 떨려서 벽돌이 다 떨어지려고 해. 내가 더 부끄럽거든. 부유함이나 비싼 물건 같은 건 자랑거리가 아니야. 부유함을 자랑하는 건 내 주변 가난한 사람이나 저 멀리 가난한 나라의 삶에는 관심이 없다는 걸 증명하는 거니까.

이제 너희들 방을 한번 둘러봐. 혹시 꼭 필요하지도 않은 물건이 군데군데 널려 있지는 않니? 필요하지 않은 물건은 필요한 친구한테 나눠 주는 건 어때? 그리고 부모님이 "오늘 뭐 먹을래?" 하고 물으면, "고기 반찬"이라고 하지 말고 "냉장고에 있는 걸로 만들어 주세요"라고 하면 어때?

해답은 민주주의야!

세계는 빈부 격차 문제를 어떻게 풀려고 했을까? 과거에는 경제적으로 해답을 찾으려고 했어. 그래서 파이를 키운다든지, 파이를 잘 분배해야 한다든지 경제의 문제로 생각했지. 아직도 경제 문제로 생각하는 경우가 많고.

너희들은 어떻게 생각해? 아무래도 돈이 많고 적고로 빈부 격차가 생기니 경제 문제인 거 같니?

그럼 달리 생각해 보자. 경제의 관점으로만 생각하면 누구나 적당히 돈을 가질 수 있는 방법이 뭘까 하고만 떠올리게 되잖아? 그러지 말고 돈이 없는 사람도 잘살 수 있는 환경은 없을까 하고 돌려서 생각해 보는 거야.

가난한 사람도 잘사는 환경을 만들려면 무얼 해야 할까? 넉넉하지는 않더라도 필요한 만큼은 먹을 것, 입을 것이 있어야겠

지? 살 집도 있어야 하고. 또 사람들이 살아가는 데 중요한 물이나 교통, 의료, 전기 에너지 등도 불편하지 않게 이용할 수 있어야 하지. 가난한 사람, 혹은 모두를 위한 정책이 필요해.

정책은 부유한 사람을 위할 수도 있고, 가난한 사람을 위할 수도 있어. 지금까지는 부유한 사람을 위한 정책이 많이 이루어졌지. 이걸 바꿔 나가는 건 정치야. 결국 빈부 격차는 경제로 풀 수 있는 문제가 아니라 정치로 풀어 나가야 할 문제지. 바로 민주주의를 통해서 말이야.

사람들이 살아가는 데 꼭 필요한 물, 에너지, 교통, 국방, 치안 등의 물건이나 서비스를 공공재라고 하는데, 정부나 공공 기관에서 운영하는 경우가 많아. 하지만 정부에서 모든 사람이 서비스를 누릴 수 있도록 관리하다 보니 서비스 질이 떨어지거나 손해를 입기도 해서 이를 민간 기업에 맡기기도 해. 이걸 민영화라고 하지.

1999년 볼리비아는 나라에서 관리하던 수도 사업을 미국의 민간 기업에게 넘겼어. 그랬더니 수개월 만에 물값이 300%나 올랐지. 물값으로 저소득층이 한 달에 버는 돈보다 더 많은 액수가 나오기도 했대. 물값을 못 치른 집은 수도가 끊겼고, 사람들은 빗물을 모으거나 시냇물에서 물을 떠 와야 했어. 그러자 수도 사업을 맡은 기업은 그것마저 금지시키려 했지.

물을 사용할 수 없는 대다수의 국민은 화가 났어. 생명이 달린 물을 가지고 기업은 돈 벌 궁리만 했고 정부는 이를 용납했으니까. 사람들은 물을 돌려 달라고 거세게 시위했고, 마침내 수도 사업은 다시 나라에서 맡기로 결정이 났지.

비슷한 일이 우르과이에서도 있었어. 우르과이는 몇몇 도시만 수도 민영화가 이루어져 있었는데, 정부에서 나라 전체의 수도를 민영화하려고 했어. 이미 민영화된 도시의 피해를 알고 있던 우르과이 국민들은 당연히 반대의 목소리를 높였지. 그리고 국민 투표로 정부가 아닌, 국민이 결정을 해야 한다고 했어. 2004년 헌법 개정에 대한 국민 투표가 시행되었고, 64.6%의 지지로 "인간이 소비할 물과 하수도의 공공 서비스는 오로지 국가 법인에 의해서만 공급될 수 있다"는 문구를 헌법에 넣어 수도 민영화를 막아 냈지.

물론 민영화가 꼭 나쁜 문제만 일으키는 건 아니야. 서비스 질도 시설도 더 좋아질 수 있지. 영국은 국가에서 의료 서비스를 보장해 줘. 누구나 병원에서 무료로 진료를 받을 수 있고, 비싼 수술을 받아도 돈 한 푼 안 내지. 대신 우리나라처럼 빠르게 진료를 받을 수 없고, 기업이 운영하는 것이 아니다 보니 최첨단 의료 장비를 마련하는 경우도 적어. 의료 서비스가 민영화되어 있다면 병원에서는 경쟁력을 갖추기 위해 좋은 장비를 빠르게 구비해 둘 텐데 말이야.

하지만 앞서 의료 서비스가 대부분 민영화인 미국의 예처럼 최첨단 시설을 갖추는 게 꼭 좋은 일만도 아니지. 아무리 좋은 시설이 갖춰져 있다고 해도 부유한 사람들만 이용하고 가난한 사람들은 제대로 치료도 받지 못한다면 무슨 소용이겠어?

이제 왜 민주주의가 해결책인지 조금은 감이 오니? 나라의 정책은 부유한 사람 중심으로 흐르기가 쉬워. 가난한 사람은 삶에 여유가 없어 사회 참여에 목소리를 내기 어렵기 때문이야. 하지만 목소리를 내지 않는다고 해서 의견도 없을 거라고 생각하면 안 돼. 우리가 먼저 목소리를 들어 보려고 노력해야지. 이게 민주주의야. 단지 다수의 의견대로 따를 게 아니라 소수의 생각도 들어 보면서 모두가 합의할 수 있는 내용으로 정책을 마련해야지. 그리고 그럴 때 빈부 격차도 조금씩 줄어들 거야.

기부도 분배가 될까?

유명한 연예인이나 기업가가 많은 돈을 기부하는 걸 보면 어때? 엄청난 재산을 갖고도 기부 한 푼 하지 않는 사람도 많은데, 열심히 일해서 모은 돈을 선뜻 내놓는 걸 보면 참 대단한 거 같아. 너희들도 어른이 되어 일을 하고 돈을 벌게 된다면 이해하게 될 거야. 모르는 사람을 위해 기부하는 게 얼마나 멋있는 일인지.

기부하는 걸 사회에 환원한다고도 하는데, 사회를 통해 돈을 벌었으니 다시 사회로 돈을 돌려준다는 의미야. 자신들이 모은 재산이 혼자의 힘으로 이루어 낸 것이 아님을 안다는 거지.

기부 문화가 활성화되어 있는 미국에서는 기업가나 연예인들이 돈을 많이 버는 만큼 기부도 많이 해. 미국의 억만 장자인 슈퍼 리치들은 기부하는 금액도 상상 초월인데, 세계적인 투자자 워런 버핏은 지금까지 60조 원이 넘는 돈을 기부했고, 마이크로소프트 창업자인 빌 게이츠는 45조 원이 넘는 돈을 기부했대. 정말 굉장하지?

하지만 이렇듯 엄청난 액수의 돈을 기부하는 기업가들을 못마땅하게 바라보는 사람들도 있어. 많은 재산을 모은 기업가들은 대부분 다국적 기업의 대표인데 다국적 기업이 성장하는 과정에서 가난한 나라의 자원이나 인력을 착취하고 작은 기업의 성장을 방해하는 일이 많기 때문이야. 다른 가난한 사람의 것을 빼앗아 부자가 됐는데, 이제 와서 기부하면서 착한 기업가 이미지로 남으려 한다는 거지.

물론 기부도 사회에서 재분배돼. 너무 멋있는 일이지. 하지만 이미 빈부 격차가 벌어진 이후에 재분배된다는 한계는 분명히 있어. 사실 정말 좋은 사회는 슈퍼 리치들이 엄청난 돈을 기부할 필요도 없는 사회인 거야.

그러니까 우리는 기부 문화가 굳이 필요하지 않는 사회를 만들도록 노력해야 해. 부유한 사람들은 세금을 더 많이 내도록 하고, 정부에서는 세금을 제대로 운영해 빈곤층도 잘살 수 있는 환경을 마련해 주어야 하지. 재분배를 하기 전에 분배를 잘하면 되는 거야.